Die zwölf Sinne in der seelischen Beobachtung

Eine Exkursion

Dietrich Rapp & Hans-Christian Zehnter

Die zwölf Sinne

in der seelischen Beobachtung

Eine Exkursion

Dietrich Rapp & Hans-Christian Zehnter

Mit einem Aufsatz von Detlef Hardorp im Anhang

Impressum
Dietrich Rapp & Hans-Christian Zehnter
Die zwölf Sinne in der seelischen Beobachtung – Eine Exkursion
Edition Anblick, www.sehenundschauen.ch
Sentovision GmbH www.sentovision.com

Layout: Atelier Doppelpunkt, Basel
1. Auflage: Oktober 2019
ISBN: 978-3-03752-108-3

Bildnachweis: Soweit nicht anders angegeben, sind die Abbildungen Public Domain-Quellen entnommen.

Bibliografische Information der Deutschen Nationalbibliothek:
Die Deutsche Nationalbibliothek verzeichnet diese Publikation in der deutschen Nationalbibliografie; detaillierte bibliografische Daten sind im Internet unter www.dnb.de abrufbar.

Inhaltsverzeichnis

Eine kurze Vorgeschichte zur anthroposophischen Sinneswissenschaft[1]

Rudolf Steiners Hinwendung zur Sinneswelt

1 Aus einem einführenden Kapitel zum Forschungsbericht «Die Notizbücher Rudolf Steiners zur Sinneslehre aus dem Jahr 1909 – Transkription, Beschreibung und Lesung» von Dietrich Rapp und Hans-Christian Zehnter aus dem Jahr 2015; für diese Buchpublikation leicht angepasst.

Bevor wir uns den 12 Sinnen im Einzelnen zuwenden, scheint es uns notwendig, zu bedenken, aus welchem biografischen Forschungs- und Entwicklungszusammenhang Rudolf Steiner sich den Sinnen zugewendet hat und aus was heraus bei Rudolf Steiner schließlich die Ambition entstand, eine neue Geisteswissenschaft der Sinne zu begründen. Uns scheinen hier drei Etappen im Forschen Rudolf Steiners unterscheidbar.

1. Etappe:
1882 ff.: Rudolf Steiner, von Kind an mit der übersinnlichen Welt vertraut, übt sich im Rahmen der Herausgabe der Goethe'schen Naturwissenschaftlichen Schriften in die sinnenorientierte Anschauungsweise Goethes ein, sich derart mit den Erscheinungen der Sinneswelt zu verbinden, dass das reine Phänomen das Wesen derselben ausspricht.[2]

Er schließt diese Arbeitsepoche 1896 mit der Schrift «Goethes Weltanschauung» ab. In die Mitte dieser Zeit (1888) fällt der bedeutsame Vortrag «Goethe als Vater einer neuen Ästhetik».[3]

2. Etappe:
1896/1897: Rudolf Steiner steht am Beginn seiner biografischen Bewusstseinsseelen-Epoche. Ein tiefgehender Seelen-Umschwung setzt mit dem wahrnehmenden Erfassen der Sinneswelt ein:[4] «Eine vorher nicht vorhandene Aufmerksamkeit für das Sinnlich-Wahrnehmbare erwachte in mir.»

2 Siehe hierzu vor allem: Einleitungen zu Goethes Naturwissenschaftlichen Schriften (GA 1); Grundlinien einer Erkenntnistheorie der Goethe'schen Weltanschauung (GA 2); sowie: Goethes Weltanschauung (GA 6).
3 Publiziert u. a. in: Methodische Grundlagen der Anthroposophie (GA 30).
4 Mein Lebensgang (GA 28), XXII. Kap.

– «Für mich war in der Genauigkeit und Eindringlichkeit der sinnenfälligen Beobachtung das Beschreiten einer ganz neuen Welt gegeben. Das von allem Subjektiven in der Seele freie, objektive Sich-Gegenüberstellen der Sinneswelt offenbarte etwas, worüber eine geistige Anschauung nichts zu sagen hatte.» – «Ich fand bald, dass ein solches Beobachten der Welt wahrhaft in die geistige Welt hineinführt. Man geht im Beobachten der physischen Welt ganz aus sich heraus; und man kommt gerade dadurch mit einem gesteigerten geistigen Beobachtungsvermögen wieder in die geistige Welt hinein.»

In dieser Zeit vertiefte sich für Rudolf Steiner die ideelle Gewissheit darüber, dass das Erkennen ein Vorgang in der Wirklichkeit, eine im Denken getätigte Partizipation mit der Welt ist, zu einem «intensivsten Seelen-Erlebnis, das die Stunden erfüllte, in denen Erkenntnis meditierend auf die Weltgründe blicken wollte. Und was die Hauptsache ist: Dieses Seelen-Erlebnis ging in seiner damaligen Stärke aus dem objektiven Hingeben an die reine, ungetrübte Sinnes-Beobachtung hervor. Mir war in dieser Beobachtung eine neue Welt gegeben; ich musste aus dem, was bisher erkennend in meiner Seele war, dasjenige suchen, was das seelische Gegen-Erlebnis war, um das Gleichgewicht mit dem Neuen zu bewirken.» – «Sobald ich die ganze Wesenhaftigkeit der Sinneswelt *nicht dachte*, sondern sinnlich anschaute, ward ein Rätsel als Wirklichkeit hingestellt. Und im Menschen selbst liegt dessen Lösung.»

Man kann sagen, dass in diesem erkenntnissuchenden Hinblicken auf den Menschen der Forschungsansatz der Anthroposophie liegt. Für Rudolf Steiner entsprang er «inhaltsschweren inneren Erfahrungen». Denn: «Es war ein ganz klares Seelen-Erleben, was in dieser Orientierung damals in mir vorhanden war. Doch im Übergehen dazu, diesem Erleben Ausdruck zu verschaffen, lag etwas außerordentlich Schwieriges.» Seine Erkenntnis-Erlebnisse brachten ein intensiv durchlebtes seelisches Ringen mit sich: ein *Ringen* des Weltenlebens «auf dem Schauplatz der Menschenseele», durch das der Erkennende das vorschnelle, «instinktive» Einrasten in Vorstellungen vermeidet.

3. Etappe:

1909: Rudolf Steiner hält den Zyklus «Anthroposophie», GA 115, in dem dieses Erkenntnisringen «für eine ernste und würdige Fundamentierung unserer geistigen Strömung [...] zu einer festeren Fundamentierung, zum Schaffen einer festeren Ordnung unserer Sache» methodisch eingesetzt wird.[5] «Wir werden auch bei der Anthroposophie auszugehen haben von dem Untersten, um allmählich zum Höchsten aufzusteigen. Das Unterste für den Menschen ist die sinnlich-physische Welt, das, was durch die Sinne und den sinnlich-physischen Verstand gegeben ist. [...] Anthroposophische Betrachtung muss in Bezug auf die sinnlich-physische Welt vom Menschen ausgehen, muss das betrachten an dem Menschen, was an ihm sinnlich-physisch ist. Sie muss ausgehen vom Menschen und ihn betrachten, insofern er ein Sinneswesen ist.» Aber für die spezifisch anthroposophische Erkenntnismethode umfasst dieses Hinschauen auf den Menschen einen doppelten Blick, einen Blick, der «zugleich hinauf- und hinunterschaut»; «denn Anthroposophie muss immer

5 Vortrag vom 23.10.1909.

ausgehen von dem, was sinnlich wirklich ist, aber sie muss sich klar sein, dass der Geist von oben hereinwirkt». Dieser Doppelblick der geistigen Forschung spinnt einen «Leitfaden», ohne den das Erkennen sich im «Labyrinth der Tatsachen» verirren muss.

Im Anschluss dieser methodischen Vorbemerkung beginnt Rudolf Steiner (zum ersten Mal) mit der Aufzählung der zehn menschlichen Sinne – wohlgemerkt am «Leitfaden» der doppelblickenden geisteswissenschaftlichen Forschung. Die so wohlbestimmte Ordnung der Sinne wird sogleich untergliedert in «Sinne des Begreifens (Verstehens)», über denen Steiner noch drei übersinnliche Sinne nennt, und «Sinne des Tastens», unter denen er die drei unteren Sinne ansiedelt.

Der Leitfaden für diese Unterscheidung liegt in polaren Blickrichtungen, die Rudolf Steiner dann – schon 1910 im «Fragment», GA 45 – als zwei weitere Grenz-Sinne in den nun vollständigen, zwölfgliedrigen Sinnesorganismus eingliedert, als den Ich-Sinn und den Tast-Sinn.

Der Zyklus «Anthroposophie» in vier Vorträgen findet, nach seinen eigenen Worten, «in einer gewissen Weise» seine Fortsetzung und einen «nur skizzenhaften Abschluss» in einem fünften Vortrag über «Das Wesen der Künste»[6], in dem Rudolf Steiner die «Ästhetik» als Wissenschaft über den Sinnesmenschen in eine «Ästhetik» als Kunstwissenschaft überführt, aber in einer imaginativ künstlerischen Darstellung, um die menschenkundlich begriffliche Betrachtung der Sinne auch der Form nach in eine geisteswissenschaft-

6 Vortrag vom 28. Oktober 1909, in GA 271.

liche anzuheben. In einem späteren Vortrag charakterisiert er rückblickend das Anliegen des Vortrags folgendermaßen:[7] «Jetzt wollte ich so sprechen, dass ich innerhalb des künstlerischen Erlebens selbst stehen bleiben konnte. Jetzt wollte ich künstlerisch über Kunst sprechen. [...] Und jetzt sprach ich so, dass nun sorgfältig vermieden wurde das Hineingleiten in philosophische Formulierung [die den Vortrag «Goethe als Vater einer neuen Ästhetik» vom 9. November 1888 noch durchzog; Anm. d. Autoren]. Denn ich empfand es wie etwas, was sofort das eigentliche Wesen der Kunst aus den Worten hinwegnimmt, wenn man hineingleitet in philosophische Charakteristik.»

Die Kunst nimmt – wie die Anthroposophie – eine Zwischenstellung ein zwischen der Sinnesanschauung (im Vortrag vom 23. Oktober 1909 «Anthropologie» genannt) und der Geistesanschauung («Theosophie»); das Künstlerisch-Imaginative schlägt eine Brücke vom Sinnes-Erleben zum Geist-Erleben. In diesem Sinne wollte Rudolf Steiner über das Wesen der Kunst sprechen. Denn «wie man über die Künste reden soll, mit dieser Frage, ich darf es wohl sagen, ringe ich eigentlich mein ganzes Leben hindurch.»[8]

7 Über die «Psychologie der Künste», Vortrag vom 9. April 1921, in GA 271.
8 Ebd.

Der Sinne Leuchtewesen

Der Sinne Leuchtewesen[9]

Vom Sinn des Sehens – Ein Blindversuch

Wie könnte man sich anders dem Sinn des Sehens nähern als durch Versenkung in das Sehen selbst. Diese aber muss das Tageslicht, in dem sich das Sehen an das Gesehene verloren hat, löschen. Im nachfolgenden Blindversuch wird auf dem Boden seelischer Beobachtungen ein Übungsweg vorgeschlagen, der durch methodische Ausblendung des von außen affizierten Sehsinns die seherische Kraft im Sehen freilegt. Sie enthüllt sich auf «sinnlich-geistige» Weise dem Sehen als Grade seiner Erleuchtung in Farbe – Licht – Glanz.

Das Sehen erfüllt sich im Gesehenen: Sich selbst durchsichtig, geht es in ihm auf und ist ganz der gesehene Inhalt. Gerade dadurch, dass es von sich nichts zurückhält und reserviert, das getrennt vom Gesehenen bliebe und aus Distanz auf dieses als etwas außer ihm Liegendes blickte, sondern bei ihm ist, sieht es.

Das Sehen begibt sich, im Gesehenen als an sein Ziel angekommen, seiner intentionalen Strahlkraft, die es im Blicken auf etwas noch zeigt, und lässt, an seiner statt, das Gesehene aufscheinen und dessen Qualität aufquellen. Danach trachtet ja sein ganzer Sinn, das Gesehene, und nicht sich, aufzuhellen. Sehen ist Licht der Aufmerksamkeit, das das Gesehene durchströmt, ist die Helle des Gesehenen.

Das Sehen ist das Leuchten der Erscheinung, das sie sichtbar macht. Es ist die in das Erscheinen öffnende Kraft. – Blicke

9 Erstmals publiziert in: Das Goetheanum Nr. 1–2/2009: S. 8–10.

ich auf eine blaue Fläche vor mir, so gewahre ich ihre Bläue in dem Maße, in dem ich sehend in das Blau eintrete und seine Bläue entfalte beziehungsweise sich entfalten lasse. Ich bin das Blau sehend ganz Bläue. Darin besteht der intuitive Charakter des Sehens, sein ‹seherischer› Sinn.

Es ist deutlich: Das Gesehene ist kein Affekt auf einen Reiz, der das Auge von außen trifft. Die physikalischen und physiologischen Vorgänge, die sich vor, in und hinter dem Auge beobachten lassen, wenn ein Eindruck auf es wirkt, erklären nicht das Sehen, sondern setzen es voraus, indem das Sehen erst vergegenwärtigt, was sie ihm zutragen. Das zeigt die Experimentalsituation, die Descartes in folgender bekannter Figur festhält, die das Sehen erklären soll: Hinter den Wirkungen der Außenwelt auf das Auge sitzt der ‹Seher›, der sie beobachtet. In ihm ist, unbeobachtet, das Sehen beschlossen und vorausgesetzt (Abb. 1).

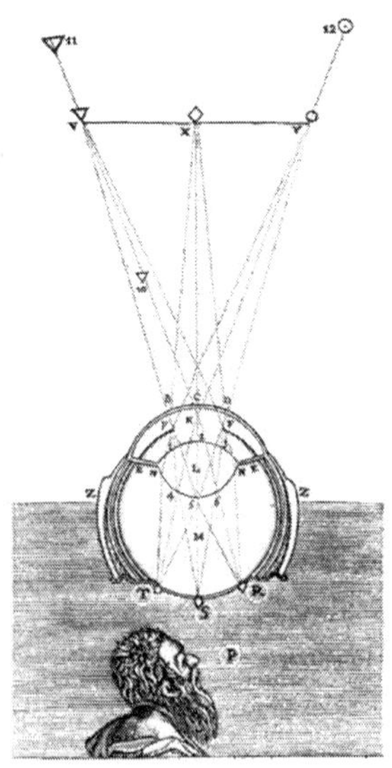

Das Sehen hat einen eigenen, innerseelischen Ursprung und entfaltet sein Licht in spezifischen Prozessen. Ihrer werden wir umso deutlicher bewusst, je mehr die Reize von außen, die sie überdecken, sich abschwächen – und gar ausfallen, wie in der Blindheit. Versuchen wir diesen umgekehrten Weg in einzelnen Stationen nachzuvollziehen, den Weg des Sehens, das sich mit dem Gesehenen erfüllt, zurück zu seinen Quellen, indem wir schrittweise all das abziehen und uns blind machen für das, was wir durch äußere Eindrücke sehen. Was bleibt? ‹Sehen› wir dann noch etwas? – Wenn wir also die Bedingungen, unter denen das Blau ein äußeres Sinnesdatum ist, aufheben, wenn das Sehen gewissermaßen blind ins Leere blickt – was bleibt?

Reinigung: Farbe

Die Welt, in der das Blau auftritt und wir es sehen, zeigt Verhältnisse, die wir vermeintlich mitsehen und die wir zuerst durch erkenntnistheoretische Beobachtungen ausscheiden können.

Ich sehe einen blauen Ball. Das Blau erscheint an diesem Ball, der sich zehn Meter von mir entfernt auf dem Boden befindet. – Genau genommen *sehe* ich nicht den Ball, weder den elastischen Gegenstand, den ich auf dem harten Grund hüpfen lassen kann, noch den Körper, der ein bestimmtes Volumen hat, noch die Kreisscheibe, unter der er mir erscheint, wenn ich von der Tiefendimension, die im Abstand zu mir und in der Körperlichkeit des Balles besteht, absehe, weil sie nicht zur reinen Wahrnehmung gehören, sondern eine Leistung des intentionalen Vorstellens von Gegenständen sind, eben des kugelförmigen Balles dort auf dem Boden. Aber auch die blaue Kreisscheibe, die abstandslos vor mir schwebt, ist eine Vorstellung, die ich unter der Vorgabe des Kreisbegriffs bilde. Genau besehen ist nicht einmal die unbestimmte Form der begrenzten blauen Fläche, abgesehen vom Kreisbegriff, eine Wahrnehmung, denn auch sie bilde ich in der Vorstellung, indem ich die Grenze des blauen Bereichs (dessen Blau ich nur nebenbei konstatiere) gegenüber dem andersfarbigen Umfeld feststelle und ihr nachfahre, um sie schließlich zur ganzen runden Scheibe zu integrieren.

Viele bekannte Experimente belegen den Vorstellungscharakter der vermeintlich mitgesehenen Räumlichkeit und Formhaftigkeit des Gesehenen, indem sie eine freie Dimension aufdecken, die einen willkürlichen Bildeeinfluss des Betrachters zulässt und daher die reine Gegebenheit der Wahrnehmung überschreitet (Abb. 2 und 3).

Was bleibt dem reinen Sehen? Eine gewisse blaue Ausbreitung, deren Ausmaß und Entfernung im Raum ich nicht angehen kann, ja, nicht einmal, so flächig sie auch aufgespannt erscheint, eine Fläche, auf der das Blau aufgetragen beziehungsweise ausgebreitet sein mag. In sich kohärent und frei schwebend erscheint das Blau und entfaltet derart seine spezifische Qualität, die Bläue in bestimmter Helligkeit und Sättigung.

Was sehe ich nun mit dem Blau? Was erscheint im Blau? Für die reine Wahrnehmung ist es eben pur dieses ‹Blau›, diese spezifische Qualität, deren Begriff ‹Blau› ich nicht zu kennen brauche. Sie ist das (gesehene) Blau.

Jetzt, derart freigestellt, kann sich das Sehen auf das reine, freischwebende Blau selbst konzentrieren. Was zeigt sich? Zunächst bemerke ich eine gewisse Verunsicherung. Nachdem die Gegenständlichkeit des blau gefärbten Balles verlorenging und mit ihr der Boden der Gegenstandswelt eingebrochen ist, weiß ich mich nicht recht zu orientieren. Das Blau für sich – was soll es sein (nachdem der Ball, der es bisher trug, fortgeschlagen ist)?

Schwebt es an mich heran – oder von mir weg? In welchem Raum denn? Indem das Sehen sich nicht mehr an der Balloberfläche festsetzen kann, verstärkt es, freigelassen, seine Kraft, um seinen reinen Inhalt, den es im Blick hat, mit intensivierter Aufmerksamkeit und Konzentration festzuhalten beziehungsweise in ihm selbst zu befestigen, um es vor dem restlosen Verschweben zu bewahren, man könnte auch sagen: um nicht einzuschlafen.

«Das, wovon man gewöhnt war, dass es von den Dingen ‹draußen im Raum› ausgeht oder ihnen als Eigenschaft ‹anhaftet›, die Farben, Töne, Gerüche usw., erfüllen nun freischwebend den Raum. Die Wahrnehmungen lösen sich los von allen äußeren Dingen und schweben frei im Raume oder fliegen darinnen herum. Und man weiß dabei doch ganz genau, dass die Dinge, die man da vor sich hat, diese Wahrnehmungen nicht hervorgebracht haben, dass man sie vielmehr ‹selbst› verursacht hat. So kommt es, dass man meinen muss, man habe den ‹Boden unter den Füßen verloren›.»[10]

Aber wo lässt sich das Blau nun verankern, wenn nicht mehr am Gegenstand, der es trug? Klar: im Blauen selbst, in der Wesenheit des Blau!

Erleuchtung: Licht

Derart konzentriert werden wir nun einer Dynamik ansichtig, aufgrund derer das Blau sich selbst trägt, indem es von sich zeugt. Das Blau gibt sich selbst (erscheint von sich her), indem es sich erzeugt. Aber damit muss ich den bloß gegebenen Tatbestand der reinen Wahrnehmung überschreiten, oder besser: durchschreiten auf die Dynamik des sich selbst gebenden Blau hin. Dieses ‹Durchschreiten› eröffnet eine eigenartige Transparenz. Das Blau als Sinnesdatum scheint zu verschwinden; als Ereignis, das es hervorbringt (und so ‹erklärt›), bleibt es. Es wird, derart im Sehen tätig durchschritten, durchsichtig – auf sich hin.

> *«Es ist die Farbe dasjenige, was sich hinuntersenkt bis zu der Oberfläche der Körper, es ist die Farbe auch dasjenige, was den Menschen von dem Materiellen erhebt und in das Geistige hineinführt.»*
> *Rudolf Steiner (GA 291, Vortrag vom 7. Mai 1921)*

10 Rudolf Steiner: Die Stufen der höheren Erkenntnis (GA 12), S. 41.

Das ist die Situation des Urphänomens ‹Blau›, wie Goethe es beschreibt: «Wird hingegen durch ein trübes, von einem darauf fallenden Licht erleuchtetes Mittel die Finsternis gesehen, so erscheint uns eine blaue Farbe.[11] Entscheidend ist hier ein aktives, tätiges Sehen, ohne das das Urphänomen nicht eingesehen werden kann. Seine Tätigkeit besteht in dem ‹sehenden› Durchdringen eines erleuchteten Mediums auf die dahinterliegende Finsternis hin. Ich ‹sehe› dann diesen spezifischen Weg durch die aufgespannte Tiefendimension ‹Licht vor Finsternis› als Blau: Blau *ist* der Prozess, den ich ‹sehend› vollziehe im aufgehellten Entziehen des Finsteren. Das rein Finstere sehe ich nicht – im Gegensatz zur Farbe Schwarz, die ich, und sei es dunkelstes Schwarz, sehe; nur in der überstrahlenden Aufhellung ‹sehe› ich seinen Entzug, sein «reizendes Nichts.»[12] Das ‹sehe› ich im Blau, sofern ich auf die hervorbringende Geste der Licht-Finsternis-Tiefe in ihm, im Blauen selbst, blicke und sie mitvollziehe und dies erlebe. Dieses ‹Sehen› im Sehen ist dessen seelisch tätig erlebende Begleitung, seine seelisch-geistige Erleuchtung.

Rudolf Steiner beschreibt Farben als Bewegungen im Zusammenhang eurythmischer Übungen. Die Eurythmistin Hildegard Bittorf überliefert folgende Geste: «Rudolf Steiner begann, seinen rechten Arm, leicht gebogen, etwas vom Körper abzuheben, eine Umkreiswölbung bildend. Dabei strich er mit der linken Hand mehrmals am Außenarm entlang hinunter: ‹Blau›, sagte er.»[13] Blau bildet sich durch eine

---

11 Johann Wolfgang von Goethe: Farbenlehre. Didaktischer Teil, § 151.

12 Ebd., § 779.

13 Hildegard Bittorf: Eurythmie. Ihr Werdewesen und unser Ergreifen. Weißenseifen 1993, S. 95.

bestimmte, ‹blaue› Bewegungsgeste: durch dunkles Aufwölben eines Innenraumes und aufhellendes (berührend empfindendes) Überstreichen seiner Oberfläche. Ich ‹sehe› darin Blau aufleuchten, ohne dass mein Auge durch einen gegebenen Eindruck berührt wird. Es wird durch eine bestimmte, miterlebte Bewegung von innen erzeugt ohne Reiz von außen, der eine Sinnesempfindung affizierte. Ich ‹sehe› das Blau ohne die Empfindungshülle, die der leibliche Affekt um es legt, das reine Blau aus eigener Bildetätigkeit.

Ich bringe mich durch eine bewusste Aktivierung des Sehens in eine Lage, in der ich unter Umgehung oder Ausschaltung des leiblichen Affekts (des Empfindungsleibes) Farbe ‹sehe›. Leiblich bin ich damit blind. – Aber seelisch-geistig ‹sehe› ich. Ich ‹sehe› mit geschlossenen, blinden Augen. Es ist die Situation des ‹Sehers›, «der sich bewusst ist, mit diesem Erlebnis in einem leibfreien Erleben zu stehen, sodass er die Möglichkeit empfängt, von dem Werk und der Bedeutung des Seelenlebens in einer Welt zu sprechen, deren Wahrnehmung *nicht* durch den menschlichen Leib vermittelt ist.»[14] Rudolf Steiner spricht von den «aurischen Farben», die der ‹Seher› aus seelischem Erlebnis ohne sinnlichen Eindruck ‹sieht›.

Einweihung: Glanz

«Im gewöhnlichen Leben sieht zum Beispiel der Mensch an einem heiteren Tage hinaus in den Weltenraum und sieht das Himmelsblau. Er lebt im Anblicke des Himmelsblaues. Will er Eingeweihter auf einer bestimmten Stufe werden, so muss er in die Lage kommen, das Himmelsblau anschauen

14 Rudolf Steiner: Theosophie (GA 9), Kap. «Von den Gedankenformen und der menschlichen Aura».

zu können, aber es muss für ihn vollständig durchsichtig werden. Während es sonst ‹Grenze› ist, muss es durchsichtig werden können, und der Mensch muss das, was er eigentlich sehen will, durch das Himmelsblau hindurch sehen. Es darf für ihn nun keine Grenze mehr sein. [...] Also in ganz bestimmter Weise wird schon die Farbe erlebt. Aber sie wird im unmittelbaren Anblick durchsichtig, wird weggeschafft von der Kraft der Seele, welche durch jene Trainierung erlangt worden ist, die zur Durchsichtigkeit führt.

So ist es mit allen Sinneseindrücken. Während sie vorher das sind, in dem man lebt, bis zu dem man sozusagen kommt mit seinem Erleben, werden sie nach der Initiation ein bloßes Mittel, um das, was hinter ihnen ist, zu erleben»[15] und in ‹aurischen Farben› auszudrücken. Rückblickend erscheint «alles Farbige in der Welt» als eine «umgewandte Aura».[16]

Doch der Weg über die Grenze in die übersinnliche Welt verläuft, wie oben beschrieben, explizit übend über die Sinne, indem er die Erlebnisse, die sie im gewöhnlichen Bewusstsein vermitteln, von deren Funktionen entbindet und rein in sich selbst zu stützen einübt. Es ist dies ein Weg über den ‹Ausnahmezustand›, in dem das seelische Erleben leibfrei sich selbst anschauend ergreift – mit Bezug auf den Gesichtssinn ein Weg über den ‹Ausnahmezustand› der Blindheit, in dem das Sehen den Leib via Auge verlassen hat und dadurch den Reiz des Auges und des daran anschlagenden Affektes vermeidet.

15 Rudolf Steiner: Die Mysterien des Morgenlandes und des Christentums (GA 144), Vortrag vom 3. Februar 1913.

16 Rudolf Steiner: Ursprungsimpulse der Geisteswissenschaft (GA 96), Vortrag vom 19. Oktober 1906.

«Die Augen, das, was Auge war, leuchtet gewissermaßen wie zwei Sonnen, aber innerliche, in Lichtglanz vibrierende Sonnen, funkelnde, auffunkelnde und in Funkeln abdämmernde Sonnen, die strahliges Licht verbreiten.»
Rudolf Steiner (GA 153, Vortrag vom 9. April 1914)

Der Weg in die geistige Welt über das Auge eröffnet einen besonderen übersinnlichen Aspekt: «Sie wissen, wenn der Mensch aufsteigt von der gewöhnlichen Sinneserkenntnis zur höheren Erkenntnis, kann er es dadurch tun, dass er mit seinem Geistig-Seelischen aus seinem physischen Leib heraustritt. Dann treten die höheren Arten des Erkennens auf: Imagination, Inspiration, Intuition. [...] Aber Sie werden sich leicht vorstellen können, dass wir, gerade wenn wir diese Gliederung der Sinne vor uns haben, zu einer besonderen Charakteristik dessen gelangen können, was Anschauung der höheren Welten ist. Wir dringen aus uns heraus. Über welche Grenze schreiten wir denn da? Wenn wir in uns bleiben, wenn wir in uns stecken, dann sind die Sinne unsere Grenzen; wenn wir aus uns herausdringen, dann dringen wir durch die Sinne nach außen. Es ist ganz, ich möchte sagen, selbstverständlich, dass, wenn unser Geistig-Seelisches die Leibeshülle verlässt, es durch die Sinne nach außen dringt. [...] Also wir dringen durch die Sinne nach außen, indem wir mit unserem Geistig-Seelischen gewissermaßen unsere Leibesgrenze verlassen. Da passieren wir zum Beispiel den Sehsinn nach außen, das heißt, wir dringen mit unserem Geistig-Seelischen nach außen, indem wir unsere Sehwerkzeuge zurücklassen. Indem wir uns bewegen in der Welt, mit dem seelischen Auge sehend, aber die physischen Augen zurücklassend, wenn wir also gerade durch das Auge verlassen unsere Leiblichkeit, kommen wir in jene Region hinein, wo die Imagination waltet.»[17]

Und eine Imagination, in die unser Übungsweg über das Blau schließlich führt, ist die Anschauung des Blau als «Glanz des Seelischen».[18] Diese Imagination des Blau als «Glanz des Seelischen» ist nun pur sinnlich nicht mehr einzusehen: Sinnlich ‹glänzt› im sich fernenden Blau schlicht nichts, und das ‹Seelische› ist kein sinnliches Datum. Die Zumutung an das Sehen ist also exorbitant. Es muss sich gänzlich dem äußeren sinnlichen *Eindruck* von Blau entziehen, sich ihm gegenüber ganz blind machen, um ihm durch einen *Ausdruck* innerer Aktivität zuvorzukommen. Blau erscheint nun von innen und ist nicht mehr eine von außen beleuchtete Erscheinung. Es «strahlt», weil in seinem Aufscheinen die innere Quelle (das Licht) seines Erscheinens mit erscheint, «wodurch das Wesen sich nach außen ankündigt».[19] Daher leuchtet es. Dieses Aufstrahlen von innen gibt ihm Glanz. Es erglänzt im inneren Leuchten seiner Bildung.

Wenn wir seine Genesis im (Goethe'schen) Urphänomen beziehungsweise in der eurythmischen Geste vollziehen, ‹sehen› wir die Leuchtequelle des Blau im Wesen des Seelischen: in einer Binnenwelt, deren Intentionalität zwar auf eine Außenwelt eingerichtet ist, die aber, weil sie von der Seele nur in einem (durchlichteten) Medium des innerlichen Inneseins vergegenwärtigt wird, als Außenwelt sich

17 Rudolf Steiner: Geisteswissenschaft als Erkenntnis der Grundimpulse sozialer Gestaltung (GA 199), Vortrag vom 8. August 1920.

18 Rudolf Steiner: Das Wesen der Farbe (GA 291), Vortrag vom 7. Mai 1921.

19 Ebd.

immer schon entzogen hat (finster ist) und so die Binnenwelt im Entzug umgibt und umhüllt. Die Seele blickt durch ihr durchlichtetes Innesein auf die als nichtseelische finstere Außenwelt, ihre ferne Welt. Daher erstrahlt sie blau. Rudolf Steiner drückt dies für die imaginative Anschauung unmittelbar aus: «Blau, das Sich-innerlich- Zusammennehmen, das Sich-Stauen, das Sich-innerlich-Erhalten, es ist der Glanz des Seelischen.»[20] Die innere Regsamkeit, mit der die Seele alles, worauf sie sich bezieht, in sich zieht und innerlich in sich zusammennimmt, drückt sich im Blau aus.

Der angedeutete Übungsweg, auf dem wir lernen, unter Ausschaltung des äußeren Affekts das Sehen von innen her zu aktivieren und zu erfüllen, kann uns dazu befähigen, «den Sinnesprozess in seiner Durchseelung einzusehen».[21] Diese Durchseelung der Sinne erschließt «der Sinne Leuchtewesen», dessen seherische Kraft das Sehen in seinem durchhellenden Wirken in der Welt stiftet. – Die Imagination dieses Zusammenhangs ist «Weiß oder Licht»: «das seelische Bild des Geistes.»[22]

20 Ebd.

21 Rudolf Steiner: Die Sendung Michaels (GA 194), Vortrag vom 30. November 1919.

22 Siehe Anm. 18, Vortrag vom 6. Mai 1921.

Die 12 Sinne

Einführung

Wie begegnen wir der Sinneswelt?

Der Mensch lernt durch seine Sinne die physische Welt als Sphäre sinnlicher Erscheinungen kennen. Um dieses Sinnesverhältnis phänomenologisch zu beschreiben, lassen wir die Sinneswahrnehmung unberührt und nehmen sie unvoreingenommen und vorurteilsfrei als ein gegebenes Element unmittelbar hin. Wir gehen also theoretisch voraussetzungslos auf die Sinneswelt ein und unterstellen ihr nicht eine (Reiz-Reaktion-)Kausalrelation, wonach eine Sinneswahrnehmung durch die physikalische oder chemische Einwirkung einer an sich bestehenden (unbekannten) Welt auf die Sinnesorgane zustande käme und somit ein physiologisch und psychologisch organisiertes Abbild dieser Welt repräsentieren würde.

Grundlage: die Sinneswelt selbst

Im phänomenologischen Bewusstsein setzen wir die physische Welt nicht derart voraus, dass in der Sinneswahrnehmung eine abbildliche Wirkung von ihr vorläge, sondern wir realisieren die Welt erst in freier Einstellung zu ihr als Erscheinungszusammenhang aller Sinneswahrnehmungen: «Das sinnenfällige Weltbild ist die Summe sich metamorphosierender Wahrnehmungsinhalte ohne eine zugrunde liegende Materie.»[23]

---

23 Rudolf Steiner: Einleitungen zu Goethes Naturwissenschaftlichen Schriften (1884–1897; GA 1), Dornach 1987, Kap. XVI: Goethe als Dichter und Denker, 2. Das Urphänomen, S. 274.

Die Sinneswahrnehmungen bilden also erst die sinnlich-physische Welt, und zwar in der Form der Gegebenheit, in der wir sie unmittelbar hinnehmen, als ‹wahr› nehmen können. Für gewöhnlich, im alltäglichen Bewusstsein, tun wir das nicht: Wir durchsetzen und prägen die Wahrnehmungen durch eingefahrene Urteilsgewohnheiten mit unseren Vorstellungen. Wir müssen uns also erst in die Lage versetzen, Wahrnehmungen in ihrer unverstellten reinen Form (als reine Wahrnehmungen) zu gewahren, indem wir uns entschließen, auf jede Bestimmung des rein Gegebenen durch Vorstellungen, Begriffe, Erinnerungen, Gefühle, Intentionen etc., die wir durch eigene (subjektive) Tätigkeiten hervorbringen, zu verzichten. «Reine Erfahrung ist die Form der Wirklichkeit, in der diese uns erscheint, wenn wir ihr mit vollständiger Entäußerung unseres Selbstes entgegentreten.»[24] Die «erste Gestalt», in der die Welt uns da (objektiv) gegenübertritt, «steht fertig vor uns. Wir haben an ihrem Zustandekommen keinen Anteil», indem wir jeden deutenden, interpretatorischen Eingriff oder Einfluss auf sie unterlassen.

«Entäußerung unseres Selbstes» meint zunächst den Verzicht auf jede bestimmende Eigentätigkeit. Metaphorisch gelesen besagt dieser Ausdruck auch, dass das Selbst sich aus seinem inneren, subjektiven Zentrum, dessen es sich in denkerischer Eigentätigkeit inne ist, begibt und sich ganz ‹ent-äußert›, gewissermaßen ‹nach außen› tritt, um die Wahrnehmungen ‹vor Ort› (aber unräumlich) zu gewahren: Das Selbst befindet sich dort, wo es wahrnimmt: im gegebenen Inhalt der Wahrnehmung (nicht in Gegenständen).

---

24 Rudolf Steiner: Grundlinien einer Erkenntnistheorie der Goethe'schen Weltanschauung (1886; GA 2), Dornach 2003, S. 28.

Ja, in seelischer Beobachtung werden wir gewahr, dass die «Entäußerung des Selbstes» nicht nur die Bedingung für das unverstellte, selbstlose, reine Wahrnehmen ist, sondern für das Wahrnehmen überhaupt: Indem das entäußerte Selbst seine Aufmerksamkeit auf den gegebenen Inhalt lenkt und ihn mit seinem ihm eigenen Selbstbewusstsein durchdringt, leuchtet er auf, erscheint und offenbart sich als bewusste, in sich evidente objektive Wahrnehmung. Sich seiner selbst gewiss, in ruhiger, selbstloser Haltung, erfährt das Selbst ‹außer sich› den Wahrnehmungsinhalt, wie er aus sich selbst erscheint, das Phänomen. Und dieses leuchtet in dem Maße auf, als das Ich mit seiner ihm eigenen Helligkeit aufmerksam bei ihm ankommt. Dies äußert sich in dem Grad der Deutlichkeit und Genauigkeit der Wahrnehmung. Je intensiver wir beobachten, umso deutlicher ist das Phänomen. Wir sind näher bei ihm.

Das Ich bildet schlicht, selbst-entäußert, die Aufmerksamkeitsquelle – ohne weitere Intention oder Produktion, indem es seine immer schaffende Tätigkeit der Selbstschöpfung (Tathandlung) zurückhält. Ja, es ist in dieser sich zurückhaltenden Selbsttätigkeit selbst die Aufmerksamkeit, die reine Präsenz, in der jede Wahrnehmung gegenwärtig ist und ihre Erscheinungsinhalte von sich her offenbart. Man kann die Handlung, in der das Ich seine denkende Tätigkeit stehen lässt – wie einen Lichtstrahl hell in sich selbst zum Stehen bringt –, vom Sehsinn her metaphorisch für alle Sinne ‹Blick› nennen, wobei dessen Richtung nicht nur vom sehenden Ich zum gesehenen Objekt geht, sondern zugleich vom Gesehenen, wo ja das aufmerksame Ich sich befindet, gewissermaßen zurück zum sehenden Ich, dem es gegeben ist und das es bewusst aufnimmt (wahrnimmt). Das Zugleich der beiden gegenwendigen Strahl- oder Blick-Richtungen bildet die Gewähr, dass ich der objektiven Wahrnehmung (mir) gewiss bin; dass ich ihrer inne bin, indem ich, in ihr, dabei bin, wo sie von sich her erscheint.

Dieses Inne- bzw. Dabeisein ist die Sinnesempfindung, das bewusste Haben der Sinneswahrnehmung. Sinnliches Wahrnehmen ist, menschenkundlich gesprochen, eine Tätigkeit des Ich in der Empfindungsseele. Deren Erlebnisse sind begrenzt durch die Tatsache des Gegebenseins ihrer Inhalte durch die Sinne: Ich empfinde genau das, was ich (als gegeben) wahrnehme (zum Beispiel das Rot, das ich wahrnehme, in seiner Röte, die ich empfinde). Diese Begrenzung der Empfindungsseele geht vom Empfindungsleib aus; er (ein übersinnlicher Leib, der seinen physischen Ausdruck in der Sinnesorganisation hat) bildet ihre funktionelle Grenze, an der ihre Erlebnisse auf die gegebenen Wahrnehmungen eingeschränkt werden bzw. in diesen positiv aufgehen.[25]

Die Inauguration der Sinneswahrnehmung

Aus der Kulturepoche, die menschheitsgeschichtlich die Entwicklung und Bildung, die Inauguration und Kultivierung der Empfindungsseele zur Aufgabe hatte, der altägyptischen, stammt ein Denkmal, das die Initiation des Blicks künstlerisch zur Anschauung bringt. Eine Sitzstatue des Königs Chephren (um 2500 v. Chr.) ‹interpretiert› auf tiefsinnige Weise, was die stiftende Tiefe jedes Sinnes ist am Beispiel des Blicks. Frontal gesehen dominiert, in sich gefasst und konzentriert

25 Siehe Rudolf Steiner: Theosophie (1904; GA 9), Dornach 2003, Kapitel: Das Wesen des Menschen, S. 42.

– zur reinen Aufmerksamkeit gebündelt –, der wache, klare, feste, ruhige Blick in die unendliche Sinnesweite (Blick auf der Höhe des Horizontes). Entsprechend fällt das Horchen auf durch die mit den Maatwedeln erweiterten Ohren.

Statue des Chephren, Frontalansicht
(Ägyptisches Museum, Kairo)

Statue des Chephren, Seitenansicht
(Ägyptisches Museum, Kairo)

Das Geheimnis dieses aufmerksamen Blicks ist seine Initiation: durch den Horusfalken. Von vorne, wo der Blick in die Sinneswelt dominiert, unsichtbar, gewahren wir ihn jedoch von der Seite (in obliquo – ein Ausdruck der scholastischen Philosophie für die seelische Beobachtung, die ‹schräg› von der Seite, gewissermaßen über die Schulter die blickende Tätigkeit sieht). Der Pharao zeigt sich als eingeweiht in das Wesen des Blicks durch den Meister des Hell-Sehens, den Falken. Der Horusfalke befähigt, aus der übersinnlichen Welt kommend, zur geistig-seelischen Ich-Kraft der Aufmerksamkeit im Blick. Der Falke scheint gerade, mit noch gespreiteten Schwingen, von hinten auf Kopfhöhe zu landen und legt seine Flügel, die ihn aus dem Geiste herantrugen, beruhigt um das Haupt, es fest umspannend, kaum mehr ein Wehen ihres geistigen

Fluges mitführend. Jede geistige Inspiration zurückhaltend, weckt er die reine Aufmerksamkeit im Blick nach vorne auf die Welt, die sich geistfrei sinnlich entfaltet. Der Blick des Pharao, aufs Unendliche des sinnlichen Horizonts gerichtet, bildet das Prinzip, das Initium der Wahrnehmung der Weltinhalte innerhalb dieses Horizonts. In dieser Initiation des aufmerksamen Blicks liegt die Geistigkeit, der spirituelle Hintergrund jeder Sinneserfahrung, die im Blick nach vorne, gewissermaßen ohne Rück-Sicht, aber in der geistigen Obhut des Falken, die geistfreie Sinneswelt ergreift.

Die Sinne des Menschen bilden die Organe für die «Entäußerung des Selbstes» in die physische Welt. Rudolf Steiner gibt die folgende Definition: «In anthroposophischer Beleuchtung darf alles dasjenige ein menschlicher Sinn genannt werden, was den Menschen dazu veranlasst, das Dasein eines Gegenstandes oder Vorganges so anzuerkennen, dass er dieses Dasein in die physische Welt zu versetzen berechtigt ist.»[26] In dieser sehr allgemein gehaltenen, inhaltlich voraussetzungslosen und offenen Definition wird nichts über Wesen und Umfang der Sinne ausgesagt, sondern nur über deren Funktion: dass sie Realitäten als physische Erscheinungen vermitteln. Es entspricht der oben angeführten, weniger ontologischen als phänomenologischen Beschreibung, dass die Sinne die physische Welt als Gesamtheit ihrer Wahrnehmungen erschließen, aus denen sie zugleich vollumfänglich besteht («ohne zugrunde liegende Materie»).

---

26 Rudolf Steiner: Anthroposophie. Ein Fragment (1910; GA 45), Dornach 2009, S. 23. Eine gute Übersicht über diese Forschungsentwicklung gibt der Sammelband: Rudolf Steiner: Zur Sinneslehre (Themen aus dem Gesamtwerk Bd. 3), hrsg. von Christoph Lindenberg, Stuttgart 1980, 2004.

Die anthroposophische Geisteswissenschaft beschreibt zwölf Sinne des Menschen, die zwölf verschiedene, unabhängige Felder der physischen Welt eröffnen. Vor gut 100 Jahren, 1909/1910, gibt Rudolf Steiner eine erste Darstellung, die er in den folgenden zwölf Jahren immer weiterentwickelt.[27]

Trotz der sehr weitreichenden und tiefgehenden Forschungen Rudolf Steiners ist die anthroposophische Sinneslehre methodisch wie systematisch ein Torso geblieben, man könnte auch sagen: ein Forschungsprojekt, das seiner Ausführung harrt. Zwar gibt es zahlreiche Anläufe von anthroposophischen Autoren, diesen Torso zu vervollständigen. Aber diese zeitigten in vielen Teilen kontroverse und ungesicherte, gelegentlich auch wenig haltbare Anschauungen, denen die Sicherheit des methodischen Zugangs fehlt: die voraussetzungslose, erkenntnistheoretisch geführte (kritische) Beobachtung der reinen Wahrnehmung. Durch diesen Mangel werden die Sinnesfelder gelegentlich mit Eigenschaften belegt, die weniger durch Wahrnehmungen gegeben als durch Vorstellungen (Vor-Urteile aus alltäglicher Gewohnheit im Umgang mit den Sinneseindrücken) oktroyiert sind. Sie werden in seelische und geistige Bereiche überdehnt und verlieren die Konturen ihrer spezifisch sinnlichen Offenbarungen.

Niemand ist gefeit vor diesen Verschleierungen, besonders in den für gewöhnlich wenig wach betretenen Sinnesfeldern wie die der unteren und oberen Sinne, deren Eindrücke auf uns zwar unterbewusst einwirken, die wir aber nicht als reine Wahrnehmungen bewusst zur Kenntnis nehmen. Dieser

---

27 Rudolf Steiner: Anthroposophie. Ein Fragment, a.a.O.; ders.: Anthroposophie – Psychosophie – Pneumatosophie (1909–11; GA 115), Dornach 2001.

Ohnmacht eingedenk, wollen wir im Folgenden möglichst in kleinen, zurückhaltenden Schritten vorgehen, die wir durch differenzierte Beobachtungen und ihre kritische Prüfung, inwiefern jeweils reine Wahrnehmungen vorliegen, verantworten können.

Konzept: Die phänomenologische Exkursion in seelischer Beobachtung

Für eine solche überwachte Beobachtung bedarf es einer strengen phänomenologischen Einstellung, in der die oben angeführte Entäußerung des Selbstes auch wirklich eingenommen wird und aufrechterhalten bleibt; durch keine (meist verdeckt agierende) Interpretation aufgegeben wird, die im gewöhnlichen Bewusstsein dauernd passiert (und da auch notwendig ist, um das Leben im Alltag denkend, fühlend und wollend sinnvoll zu organisieren). Diesen forschenden Ausnahmezustand der reinen Sinneswahrnehmung erreichen und bewahren wir nur durch die seelische Beobachtung, welche die sinnliche ständig begleitet, überwacht und in die jeweilige spezifische Blickfunktion einweist, indem sie die seelisch-geistigen Tätigkeiten fernhält – außer der intendierten reinen, inhaltsoffenen sensiblen Aufmerksamkeit für das sinnlich Gegebene, die sie aufschließt. Das geschieht unmittelbar am Phänomen durch Konzentration auf dessen rein gegebenen Inhalt (z. B. auf das wahrgenommene Rot in seiner qualitativen Röte, bei dem etwa das Erlebnis des ‹schönen›, ja schon ‹warmen› Rot als nicht-sinnlich, weil seelisch, ferngehalten bzw. suspendiert wird). Diese Reinigung und Konzentration auf den reinen Sinnesinhalt leistet, recht verstanden, der methodisch eingesetzte, die Sinneswahrnehmung nur beschreibende und charakterisierende Begriff, insofern er nicht (wie gewöhnlich) interpretierend oder systematisierend verstanden, sondern als blicklenkende Geste aufgefasst wird, die auf die spezifische Sinneswahrnehmung hinweist, mit dem Ziel, dass diese selbst in der konkreten Erfahrung (oder auch Erinnerung) – und sei es durch die unvermeidlichen gegenständlichen Vorstellungen hindurch (indem diese gewissermaßen eingeklammert und suspendiert werden) – aufgesucht werde. Ein solcher Begriff stellt die Wahrnehmung nicht in einen sie deutenden Zusammenhang, sondern bildet ein Organ, durch das sie überhaupt erst aufgesucht und gefunden werden kann, einen Fokus, der den Blick auf sie lenkt und auf ihren spezifischen Inhalt konzentriert.

Da jede schriftliche Fassung (wie die nachfolgende) nur mittels Begriffen ihre Inhalte beschreiben und darstellen kann, ist es bei nicht begrifflichen Inhalten wie den Sinneswahrnehmungen unabdingbar, sich der genannten Sonderfunktion der Begriffe bewusst zu sein und sich ihrer dementsprechend zu bedienen: sie also nicht erkenntniskonstitutiv einzusetzen, sondern blicklenkend als bewusste, offene Formen, in denen die reine Wahrnehmung in evidenter, selbstgegebener Kontur ihrer spezifischen Qualität aufgefasst werden kann. Diese klaren und distinkten Formen müssen im Blick auf die Wahrnehmungen durch-empfunden werden, für die sie transparent sind. Darin besteht die phänomenologische Einstellung, d. i. das Überwachen des Sinnesbewusstseins durch seelische Beobachtung, die den blicklenkenden Begriff einsetzt und dadurch erst die reine Wahrnehmung freilegt. Man muss sich klar sein, dass erst diese produktiven und selbstbewussten (disziplinierten) Gebilde, wie es die blicklenkenden Begriffe sind, die (phänomenologische) Voraussetzung für die seelische Beobachtung schaffen, die in ihnen aktiv wird. Erst durch diese kann das reine Sinnesphänomen in seiner spezifischen Gegebenheitsweise erblickt werden, indem diese Gegebenheitsweise durch die hervorgebrachten und angeschauten blicklenkenden Begriffsbildungen mitvollzogen, ja aktiviert wird. Die seelische Beobachtung zeugt von dem unmittelbaren Phänomen, indem sie dessen originäre Gegebenheitsweise (nicht den gegebenen Wahrnehmungsinhalt) miterzeugt. Ohne sie versinkt das Phänomen in die Abschattungen der natürlichen Ding-Setzungen, wie sie in den gewöhnlichen Bewusstseinserfahrungen, aber auch in der bloßen Introspektion stattfinden.

Im Folgenden werden wir jeden Sinn des zwölfgliedrigen Sinnesorganismus vorstellen. Wir beginnen jede Darstellung – anhand der Vergegenwärtigung seiner Erfahrungen in einer exemplarischen Wahrnehmungssituation – mit einer knappen Charakterisierung des betreffenden Sinnesfeldes durch Begriffe im genannten blicklenkenden und sensibilisierenden Sinne, die ihn vorstellen (präsentieren), damit bekannt ist, womit wir es in den folgenden Notaten zu tun haben. Eingestreut sind Erfahrungsberichte, die sogleich durchsetzt werden mit ‹begrifflichen Konzentraten›, die sie im Blick des reinen Wahrnehmens halten.

Die nachfolgenden zwölf Sinnesversuche werden notgedrungen fragmentarisch und gelegentlich auch missverständlich ausfallen; so bitten wir im Voraus um Nachsicht und Rücksicht im Auffassen, aber auch um ergänzende oder korrigierende Einsicht. Ob uns eine adäquate Charakterisierung der Sinne und ihrer Erfahrungsfelder gelungen ist, lässt sich allgemein nicht entscheiden, da ja jeder Leser die reine, phänomenologische Sinneseinstellung für sich realisieren muss. Jedenfalls war es unsere Intention, sie anzuregen.

Schon der erste Sinn, der Tastsinn, stellt unser Vorhaben und Vorgehen auf die Probe, weil wir ihn im Alltag völlig entfremdet und verdeckt nutzen. Da gilt es gleich – gegen die alltägliche Erfahrung und bloße psychologische Introspektion –, den Blick auf das wirklich Gegebene zu schärfen, das unter seiner gewöhnlichen Verwendung untergegangen und besetzt erscheint. Was ‹ertasten› wir denn wirklich? Diese Frage nach dem ‹Was› lenkt schon auf vermeintliche Gegenstände ab. Worin besteht denn nun die unmittelbare Wahrnehmung des Tastsinns?

Die unteren Sinne

Tastsinn

Indem wir mit der Hand über die Oberfläche eines Gegenstandes streichen oder gegen sie drücken, entfalten sich die Tast-Wahrnehmungen in der Handinnenfläche – wenn wir sie in ihrer Unmittelbarkeit gewahren. Wir haben eine deutliche Empfindung innerhalb der ‹berührten› Haut. Über die gesamte Hautfläche breitet sich der Tastsinn aus. Wir werden seiner Empfindung gewahr, wenn der Haut ein Kleidungsstück aufliegt oder der Wind über unser Gesicht streift. So wird unsere Befindlichkeit durch den Tastsinn dauernd still begleitet.

Der Tastsinn ist der tiefste der unteren Sinne, indem er den Menschen in seinen physischen Leib einhüllt und birgt und damit sein Dasein in der physischen Welt begründet, genauer: ertastet. Seine Wahrnehmungen bestehen in den eigenleiblichen Empfindungen auf der leiblichen Grenzfläche, die als ‹Haut› den Leib umschließt. Diese Empfindungen entfalten sich in den Berührungen mit physischen Gegenständen und umhüllen den Menschen, die Gegenstände dabei ausgrenzend, mit dem Erlebnis des leiblich geschlossenen, integren Daseins im physischen Leib. Über diese Integrität, die Unversehrtheit der Leibeshülle wacht der Tastsinn. Bei einer Hautverletzung (Verwundung) reißt die schützende Hülle auf und mit ihr die Organgrundlage des Tastsinns. Insofern ist der Wundschmerz letztlich keine Wahrnehmung des Tastsinns, sondern dessen Überreizung und Verletzung, mit der der Mensch aus der bergenden Ruhe einer reinen Tastwahrnehmung gerissen wird. Rudolf Steiner macht deutlich: «Wenn Sie tasten, stoßen Sie zwar an den äußeren Gegenstand, aber Sie kommen nicht hinein in den äußeren Gegenstand. Wenn Sie an einer Nadel sich stoßen, so sagen Sie, die Nadel ist spitz, Sie kommen selbstverständlich nicht hinein in die Spitze, wenn Sie bloß tasten, sonst stechen Sie sich, aber das ist ja nicht mehr Tasten.»[28]

Man mache sich klar, wie ununterbrochen wir von den Empfindungen des Tastsinns erfüllt sind! Es ist wortwörtlich so, wie Henning Köhler sagt: «Das ganze Leben ist in Hülle und Fülle von Tasterlebnissen durchwoben.»[29] Ja, die ‹Hülle› der Tastempfindungen auf der Körperoberfläche schenkt die ‹Fülle› des Daseinserlebnisses im Leib, der uns birgt und trägt. Man bedenke, wie umhüllend und umfassend die Tastempfindungen unseres Wachbewusstseins allgegenwärtig sind: auf den Fußsohlen beim Stehen und Gehen, im Gegenwind auf dem Gesicht, über der ganzen Körperoberfläche beim Schwimmen oder beim Bewegen in Kleidern, beim Augenzwinkern, in der Mundhöhle und auf der Zunge beim Essen, auf dem Rücken beim Anlehnen oder in der Hand beim grüßenden Handschlag. Wo diese Empfindungen ausfallen, verlieren wir unser physisches Dasein.[30]

Machen wir uns klar: Bei jeder Berührung von Gegenständen, deren Oberflächen wir ‹tasten›, fühlen wir uns selbst in der eigenen Haut geborgen. Das scheinbare ‹Ertasten› der Beschaffenheit von Körperoberflächen ist nicht das primäre Erleben des Tastsinns. Das, was wir primär in der Haut empfin-

---

28 Rudolf Steiner: Das Rätsel des Menschen (GA 170), Vortrag vom 12. August 1916.

29 Henning Köhler: Von ängstlichen, traurigen und unruhigen Kindern, Stuttgart 1994, S. 58.

30 Oliver Sacks beschreibt eindrücklich einen solchen Fall in seiner Fallsammlung: Der Mann, der seine Frau mit einem Hut verwechselte, Reinbek 1987, S. 352.

den, projizieren wir dann durch ein Urteil über den Fernsinn des Sehens auf die Gegenstände und bilden uns bestimmte Vorstellungen von der Oberflächenbeschaffenheit (die wir, meist in visuellen Repräsentationen wie glatt, rau, rund, spitz etc., erst sekundär den Gegenständen zuschreiben, etwa im Urteil: «Ich empfinde beim Druck auf einen Körper starken Widerstand, *also* ist er hart.»). Die genaue Beobachtung zeigt: Über die verschiedenen Oberflächen streichend – ob Glas, Holz oder Teppich, ob Harz, Honig oder Wasser –, stets berühren wir diese so, dass wir uns in unserer eigenen Oberfläche, der Haut, empfinden. Jene ‹ertasteten› unterschiedlichen Qualitäten gehen uns als Eigenempfindlichkeiten auf. Sie sind Arten des Eingehülltseins, des In-sich-Gehülltseins. Man könnte nun meinen, dass solche Erfahrungen ja auch etwas über die berührende/berührte Sache aussagen: Je nachdem, was ich berühre, erlebe ich unterschiedliche Befindlichkeiten meiner Selbst. Man kann den Tastsinn durchaus in diesem Sinne für einen Erkenntnisprozess einsetzen; allerdings geht man dann dabei über die reine Wahrnehmung des Tastens hinaus. Die Ausrichtung des Tastsinns ist eben auf die Selbsterfahrung durch das Berührtsein durch ein Anderes gerichtet. Er ist ein Eigen-, ein Innensinn und kein Außensinn, wie das grundsätzlich für die unteren Sinne gilt. Je nach Qualität des im Tasten Erlebten erschließt sich auch eine andere Art dieser leibhaften Selbsterfahrung.

Qualitäten, die wir dabei ausmachen und dem Tastsinn als Wahrnehmungen zusprechen, sind zum Beispiel:

weich, plastisch, elastisch	hart, undurchdringlich
rau, schorfig (Terracotta)	glatt (Glas)
samten, seiden	metallen
glitschig, klebrig, flüssig, zäh, ziehig	fest, trocken
Sog	Druck
stumpf, rund	spitz, scharf, schneidend
perforiert	höckrig
kitzelig, juckend	stechend, brennend

Manche Ausdrücke sind uneigentliche, indirekte Umschreibungen der Tastsinn-Wahrnehmungen aus anderen Sinnesbereichen, meist visualisierende Projektionen auf äußere Beschaffenheiten. Galilei stieß auf dieses Problem bei einem Selbstexperiment: Er fragte sich, ob die kitzelige Empfindung auf der Fußsohle, wenn diese von einer Gänsefeder berührt wird, denn eine Eigenschaft dieser Feder sei?! Man kann dieses Experiment noch weitertreiben: Was nehme ich denn von einer Nadelspitze wahr, wenn ich sie nur leicht auf die Handfläche setze, dann fester aufdrücke bis zum Einstich? Das ganze Erfahrungspanorama vom Kitzel bis zum Schmerz kann nicht objektives Merkmal ein und desselben Gegenstandes, der Nadel, sein. Offensichtlich ist die Tastempfindung auch abhängig von der Art der Zuwendung und Berührung der ‹ertasteten› Gegenstände. Wie ich auf diese zugehe, mit welcher Kraft und Bewegung ich mich ihnen aussetze und sie mir aneigne, prüfe ich im Widerstand, den sie auf mich ausüben. Diese Rückwirkung spüre ich auf der Berührungsfläche der Haut als Tastempfindung.

Die genaue Beobachtung dessen, was der Tastsinn unmittelbar erschließt, zeigt, dass die Tast-Wahrnehmungen eigenleibliche Empfindungen innerhalb unserer Haut sind. Reflektiert an den berührten, ertasteten Oberflächen der Gegenstände, empfinden wir uns selbst in der berührenden Hautoberfläche. Innerhalb der tast-empfindenden Haut ist der Mensch da, ein «im Raum begrenztes leibliches Selbst»[29] in seinem physischen Dasein ‹lokalisiert›. Hier im Organ der sensitiven Haut wird die begrenzende Funktion des Empfindungsleibes handgreiflich.

Es gibt auch mehr in das Seelische gehende Umschreibungen der polaren Qualitäten:

einbeziehend, einhüllend, nachgiebig	ausgrenzend, widerständig
(wohltuende, warme) Resonanz	(unbehagliche, kalte) Abweisung
(sympathischer) Einklang	(antipathische) Widerständigkeit
lustvoll	schmerzvoll
Einfühlung	Zurückschrecken
Nähe, Berührung, Wärme	Entfremdung, Kälte
Behutsamkeit	Grobheit
(feinfühliges, sanftes) Fingerspitzengefühl	(unsensible) Hart-/Dickhäutigkeit

Zu beachten ist, dass die Tast-Wahrnehmungen erst durch Druck auf beziehungsweise Bewegung über Oberflächen gegeben sind. Sie sind die Erfahrungen einer willentlichen, bewegten Zuwendung zur Umwelt und der Berührung ihrer Gegenstände – so zwar, dass diese Intention nicht die Gegenstände selbst anstrebt, sondern die Grenzen (Oberflächen) zu ihnen, um in ihnen das Eigensein zu umfassen. In den Berührungen erspüre ich mein eigenes leibliches Selbst im physischen Raum. Ich empfinde mich, die Gegenstände ab-tastend, als physisches Wesen unter physischen Wesen.

Rudolf Steiner beschreibt, wie der Mensch beim Tastsinn-Empfinden «an den berührten Gegenständen sich gewissermaßen in sich zurückzieht, sich in inneren Leibeserlebnissen verschließt.» – «Sie [die Tastorgane] geben dem Leibe die Gestalt, durch welche er sich in sich abschließt von der ihn von allen Seiten berührenden Außenwelt.»[31]

Indem wir an Oberflächen widerständiger Gegenstände anstoßen, werden wir auf uns selbst zurückgeworfen. Zurückgestoßen, spüren wir uns selbst innerhalb der Haut. Am Anstoß an den physischen Materien empfinden wir uns in der eigenen leiblichen Substanzialität (Fülle in der Hülle). Diese ist nicht eine äußere Materie unseres Körpers, sondern besteht in der uns tragenden Selbstempfindung, in einem Da-Seinserleben. *Ursprünglich* ist die ‹Substanz›, die wir durch den Tastsinn berühren und die uns erfüllt und trägt, ein Empfindungselement, in dem wir des physischen Phänomens der Tastsinn-Wahrnehmung inne sind, der umschlossenen eigenen Leibhaftigkeit. Angerührt von der Welt, berühren wir uns selbst: als substanziell erfüllt da-seiend. Es ist zugleich Weltsubstanz, die sich, seinsstiftend, in uns ergießt und uns als Urgrund trägt. (Rudolf Steiner nennt diesen urphänomenalen, bei der Tastempfindung zunächst unterbewusst bleibenden Zusammenhang ein «Durchdrungensein mit der allgemeinen Weltsubstanzialität, das Durchdrungensein mit dem Sein als solchem»[32] und dies in der Form (Hülle) des Eigen-Seins.) Darin liegt eine tiefe Gnadenwirkung der Seinsgebung im eigenen Leib (sofern der Tastsinn genügend

31 Rudolf Steiner: Anthroposophie. Ein Fragment (1910, GA 45), S. 41 f.

32 Rudolf Steiner: Heilfaktoren für den sozialen Organismus (GA 198), Vortrag vom 8. August 1920.

gepflegt wird, vor allem in der frühen Kindheit, in der der Mensch, aus der geistigen Welt niedergekommen, eine Heimat in der physischen Welt sucht).

Rudolf Steiner bezeichnet die Tastempfindung als dumpfe «Intuition in der Leiblichkeit».[33]

Der Mensch findet sich bis in die Tiefe der physischen Substanzialität inkarniert. Sein Wesen ist in der Gänze, rundherum, umhüllt und geborgen. Eine neue, physische Sicherheit durchdringt ihn, nachdem er mit der Geburt die geistige Heimat aufgegeben hat. Wortwörtlich ‹befindet› er sich im physischen Leib innerhalb der Haut: Er findet sich an diesem Ort vor in einer spezifischen Befindlichkeit (eigenleibliche Empfindung).

Diese Befindlichkeit bildet die Grundempfindung aller unteren Sinne. Mit dem Lebenssinn (Vitalsinn) erfährt sie eine lebensvolle Erfüllung dessen, was der Tastsinn erst allgemein substanziell umhüllt.

33 Rudolf Steiner: Geistige und soziale Wandlungen in der Menschheitsentwicklung (GA 196), Vortrag vom 13. Februar 1920.

Lebenssinn

Aus einer unmittelbaren Lebensempfindung stammt folgende Äußerung Karl Valentins anlässlich einer ärztlichen Konsultation: «Mei Magn tuat mir weh, die Füaß tuan mir weh, der Kopf tuat mir weh, mein Hals ist entzunden – und i selbst befind mich au net wohl.»

Gegenüber einzelnen Unpässlichkeiten hebt sich die allgemeine Lebensbefindlichkeit («ich selbst») im Wohl- oder Missbehagen als die spezifische Empfindung des Lebenssinns heraus. Es gibt durchaus den Fall, dass wir bei allen Schmerzen da oder dort (solange sie nicht überhand nehmen) uns dennoch im Ganzen gut fühlen.

Die ausdrückliche Zufügung «Und ich selbst fühle mich auch nicht wohl» zur Aufzählung einiger organischer Beschwerden (Orte des Wehtuns) nennt den prägnanten Punkt, an dem sich die allgemeine Wahrnehmung des Lebenssinns von spezifischen Schmerzen einzelner Körperzonen unterscheidet. Während der Schmerz oder – schwächer – das punktuelle Gefühl gestörter beziehungsweise verletzter Organe ein Affekt des astralischen Leibes ist, der das empfindende (ja attackierte) Subjekt involviert und in dem es sich selbst (reaktiv) auslebt, erscheint mit der Wahrnehmung des Lebenssinns eine objektiv gegebene Weltqualität, die das ruhige Subjekt als solches wahrnimmt, ohne sich selbst einzumischen.

Nach ihr erkundigt sich der Arzt zunächst im Allgemeinen, wenn er den Patienten nach seinem Ergehen fragt: «Wie geht es Ihnen? Wie fühlen Sie sich?» Wenn er ihm für die Diagnose nähertritt, ihn eventuell da und dort betastet, und fragt:

«Wo tut es weh? Wo haben Sie Schmerzen?», dann bemerken wir deutlich den Unterschied beider Zugänge. Wir müssen die erste, gesamtheitliche Befindlichkeit verlassen, um auf die zweite Frage antworten zu können. Unser Leib, der uns innerlich trägt, in dem wir uns befinden, gerät nun in den objektivierenden diagnostischen Blick: Wir konstatieren an ihm bestimmte (schmerzhafte) Merkmale, die dem Arzt, der von außen unseren Gesundheits-/Krankheitszustand zu prüfen hat, Symptome zu seiner Diagnose an die Hand geben. Das erste Gesamtbefinden aber ist ganz mit uns selbst verbunden: eine Eigenwahrnehmung, eine innere Vergewisserung der leiblichen Befindlichkeit – die wir verlieren bzw. die in den Hintergrund tritt, wenn wir von außen unseren Körper beobachten.

Jede Sinneswahrnehmung trägt eine spezifische Qualität zum Erscheinen der physischen Welt bei. Im Falle des Lebenssinnes ist es die Qualität, durch die «sich der Mensch als ein den [physischen] Raum erfüllendes, leibliches Selbst» empfindet.[34] In ihr findet er sich als leibliches Lebewesen in der physischen Welt. Und dieses Dasein, in dem er sich darlebt, findet er als gegeben vor (wie jede Wahrnehmung) und realisiert es im *Befinden*. Denn nicht als einen äußeren (materiellen) Körper empfindet er sich – diesen räumlichen Gegenstand fasst er erst in der begriffsbestimmten Vorstellung –, sondern im Befinden, inneren Sich-Empfinden als organisch-lebendiges Selbst. Als Lebewesen spürt er sich leiblich-innerlich. Durch dessen Wahrnehmung ist er physisch da, über das im Raum *begrenzte* Selbst (Tastsinn) hinaus zu einem den Raum lebendig *erfüllenden*, leiblichen Selbst.

34 Siehe Anm. 4, S. 24.

(Wohl-) Behagen, Wohlbefinden	Miss-/Unbehagen
Gesundheitswohlgefühl (wohltemperiert)	Krankheitsdepression
Erquickung (z. B. Schlaferquickung)	Erschlaffung, Abgeschlagenheit
Vitalität	Auszehrung, Aushöhlung
Ausdehnung, Weitung	Engung, Klemmung
Frische	Mattigkeit, Müdigkeit
Leichte	Schwere
Entspannung, ausgeglichene Gelöstheit	Bedrücktheit, Verspannung
Erfrischung	Erschöpfung
Völle, pralle Rundheit	aufgerissene Zerfledderung
Heiterkeit	Wetterfühligkeit, Niedergeschlagenheit
Lebensfülle, Kraftgefühl, Stärkung	Schwäche, Erschlaffung
In-sich-Stimmigkeit	Unstimmigkeit
Geschlossene organische Zusammenstimmung	Disharmonie, Zerrissenheit
Innerlichkeit, Geborgenheit (im Leib)	Außerhäusigkeit, ‹Ausschaffung›
In-sich-Ruhen	Neben-sich-Geworfen
Heimat	Fremde, Exil

Wie erscheint nun dieses Lebewesen, das ich selbst bin, für den Lebenssinn? Was sind dessen spezifische Wahrnehmungen? – Sie betreffen die Art und Weise, wie ich mich als Lebewesen in der physischen Welt befinde (empfinde). Und das besagt: als Lebewesen ganz und integral. Nicht in einzelnen Organgefühlen finde ich mich als leibliches Selbst vor; als Lebe-Wesen kann ich nur integral und nicht in Teilen (Lunge, Bauch etc.) vorkommen, im Gesamtbefinden, unteilbar und ganz als Leibwesen.

Was sind diese ganzheitlichen Empfindungen, die ich am lebenden Leib gewinne, indem der Lebenssinn seine Wahrnehmungen an ihm macht? Es seien einige Bezeichnungen aufgezählt, die sie (zum Teil bildhaft) umschreiben – man vergegenwärtige sie, hier wieder in polaren Qualitäten gegenübergestellt, in der eigenen Erfahrung, um in ihnen auf die gemeinte Erfahrung durchzublicken (siehe Aufstellung S. 54)

Durch den Leib, in dem ich mich ‹befinde›, bin ich da: Im Befinden als Lebewesen in einer lebendigen Umwelt anwesend. Dies bekundet der Lebenssinn als erfahrbare physische Tatsache. Die lebendig-leibliche Selbstgegebenheit im Befinden ist unmittelbare Empfindung des Lebenssinns. Nicht sehe ich zuerst meinen Körper und identifiziere mich sekundär mit ihm. Diese Identifikation wäre grundlos ohne meine primordiale, unmittelbar wahrnehmliche Befindlichkeit im Leib, der ich als leibliches Selbst bin (Eigenleben). Man denke hierzu etwa an das morgendliche Erwachen mit geschlossenen Augen. Zu den ersten Erfahrungen gehört dabei ein Wohl- oder (Noch-)Erschlagenheitsgefühl, je nach der Erholsamkeit des Schlafes.

Dabei fungiert der Leib nicht als ein Gefäß, das mich umschließt, nicht als Futteral, in dem ich stecke; sondern ich bin als organisches Selbst dieser Leib in seiner ganzen lebendigen Ausbreitung, in seiner organischen, die Lebensprozesse zusammenstimmenden, d.i. behaglichen Ganzheit. Wo diese harmonische Zusammenstimmung, die sich selbst tragende Homöostasie (Immunität) des Organismus, durch irgendwelche physiologischen Dysfunktionen zerbrochen ist, fühle ich mich im Ganzen unbehaglich, irgendwie ‹neben› dem Leib, der nicht mehr trägt, zerschlagen und ausgezehrt; man sagt, man fühle sich neben *sich*. (In Folge können dann die Gefühle der schlechten Laune oder der Lebensangst als seelische Auswirkungen jener sinnlichen Wahrnehmung auftreten.)

Die «Lebensgefühle» oder «Leibgefühle»[35], die der Lebenssinn als Wahrnehmungen des lebendigen Leibes vermittelt, sind Hülle (Leib) und Kern (Selbst) zugleich: Ich fühle mich als den Raum meines Leibes «erfüllendes, leibliches Selbst». Ich bin ein Eigenleben und in ihm als lebendige leibliche Eigenheit geborgen da.

Imaginativ nachfühlen und darstellen lassen sich die Lebensempfindungen (die für gewöhnlich, im gesunden Fall, das Alltagsbewusstsein nur diffus und unterschwellig als allgemeines Wohlgefühl durchstimmen – und die meist erst bei Störungen oder Schädigungen negativ auffallen) in manchen plastischen Werken, die den menschlichen Leib in in sich geschlossenen, in sich proportionierten Gestalten nachbilden (siehe dazu auch S. 79 ‹Zusammenschau›). Besonders eindrücklich sind

35 Max Scheler: Der Formalismus in der Ethik und die materiale Wertethik (1916), Bern 1966, S. 340.

in dieser Hinsicht die Plastiken Henry Moores. In ihnen wird der Betrachter des «Raum erfüllenden, leiblichen Selbstes» (Rudolf Steiner) geradezu ansichtig: Die Figur ‹Innere und äußere Form› zeigt in ihrer Oberflächen-Verschränkung (den Durchbrüchen und Brücken), dass Äußeres (das Objekt, der Körper) zugleich Inneres (das Subjekt, das sich im Körper ausdrückt) ist, Hülle und zugleich Kern ist. Auf den äußeren Oberflächen, die sich verwinden und öffnen, spielt das sie belebende ‹innere› Wesen. Figürlich spricht sich dieses Verhältnis in ‹Mutter und Kind› aus: Die Mutter trägt das Kind und offenbart sich in ihm; ihr Mantel ist ihre Wärme, die raumgebende Gebärde ist eben die raumfüllende.

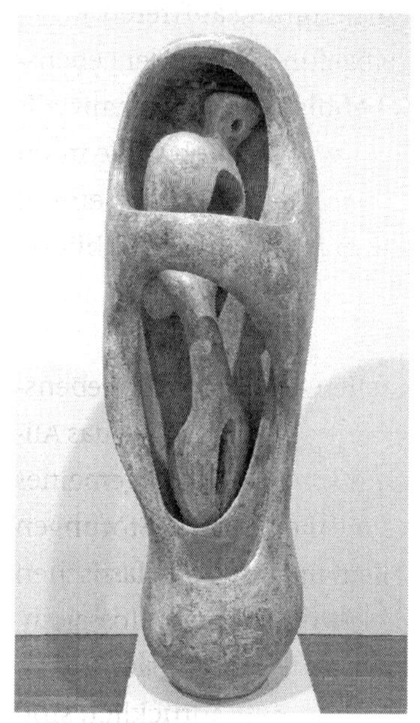

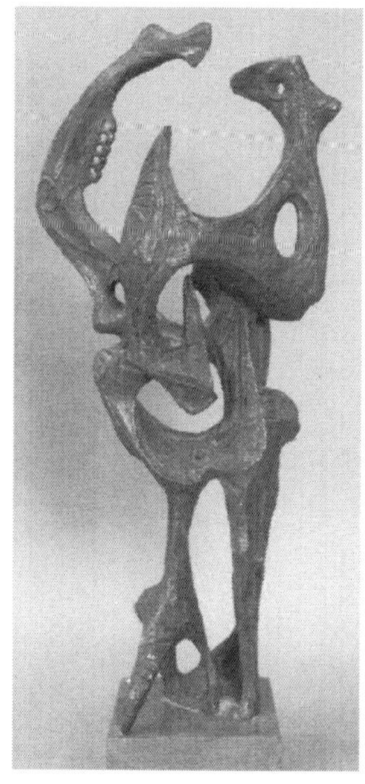

links: Henry Moore: Aufrechte innere und äußere Form, 1952/53
rechts: Mirko Basaldella: Komposition mit Chimäre, 1949

Wenn man diese pralle Rundheit mit der zerklüftet-aufgezehrten bei Mirko Basaldella vergleicht, so werden konträre Lebensgefühle spürbar.

Henry Moore: Mutter und Kind, 1949

In prähistorischen Venus-Darstellungen überwiegt die Prallheit der ‹Lebensfülle›. Die steinzeitlichen Faustkeile liegen so ‹angenehm› in der Hand (Handschmeichler), dass sie die Behaglichkeit erschließen.

Die unmittelbare Sinnesempfindung des Lebenssinns ist das Befinden, das Behagen (Wohl-, Miss-, Unbehagen), das mich als organisches, leibliches Selbst umfängt, als selbständiges Lebewesen (Eigenwesen) schenkt und da-sein lässt.

Das Lebenszentrum meines befindlichen Daseins liegt, unräumlich gemeint, um die Körpermitte, zeigt aber zugleich eine gewisse – besser: diffuse – Ausbreitung über den ganzen Leib. Erst sekundär gliedern sich vor diesem allgemeinen

Hintergrund einzelne Organempfindungen heraus, gesonderte Orte des Schmerzes oder der Lust, die wir mit Affekten besetzen (und die insofern keine reinen Wahrnehmungen sind und die das Kleinkind, das zunächst über den Lebenssinn im Leibganzen lebt, erst zu differenzieren lernen muss: Es schreit ja aus allgemeinem Unwohlsein und nicht, weil es Bauchweh hat). Diesem voraus liegt der fundierende Raum des Leibes, in dem wir uns befinden. «Dieser Leib selbst ist uns [...] unabhängig und vor allen irgendwie gesonderten sogenannten ‹Organempfindungen› und vor allen besonderen äußeren Wahrnehmungen seiner als ein völlig einheitlicher phänomenaler Tatbestand, und als Subjekt eines So- und Andersbefindens gegeben.»[36]

Abgrenzung zu den Organgefühlen

Schwierigkeiten bereitet die Unterscheidung der allgemeinen Lebensempfindungen von den einzelnen Organgefühlen, «Organempfindungen» (Scheler, 1916) – negative Beispiele sind Völlegefühl, ‹flauer Magen› beim Hunger, ‹trockener Hals› beim Durst, Kopfschmerzen, Atemnot, Beinschwere, kalte Füße u.a. Diese signalisieren organische Defekte (der Lebensvorgänge), die, erst eingebettet im Lebensganzen, dessen Funktionseinheit stören und Unbehagen auslösen. Dies wird durch den Lebenssinn wahrgenommen, der die Störung (Disharmonie) des Lebensganzen durch jene lokalen Defekte (Attacken) meldet. Die Defekte bzw. äußeren Eingriffe sind zunächst noch keine Lebenstatsachen, denen der Lebenssinn zugewandt ist, sondern erst einmal physio-

36 Siehe Anm. 35, S. 399.

logische Unregelmäßigkeiten, physische Einwirkungen durch Überbeanspruchungen; erst deren Konsequenz im Ätherleib bildet eine Lebenstatsache. Die Organgefühle berühren meine instinktive Natur, als deren Reaktion auf Einwirkungen sie aufsteigen. Ich bin mit ihnen im Affekt verbunden – während ich in Sinneswahrnehmungen subjektiv nicht hereinspiele, bringen sie ihre objektiven Qualitäten zur Erscheinung. Im Falle des Lebenssinnes ist es die empfundene objektive Behaglichkeit, mit der und in der ich mich existenziell habe, objektiv so gewiss habe und besitze, dass ich nicht um eine Existenz zu ringen habe. Es ist die Gabe meines Daseins, die physisch-lebendige Selbst-Gegebenheit. Kein Affekt der Selbstbehauptung.

Auch die *Schmerzempfindungen* bei Verletzungen sind unmittelbar keine Wahrnehmungen des Lebenssinns (solange sie nicht den Grad erreichen, dass sie den Lebenszusammenhang stören und aushöhlen, was sogar bis zur Ohnmacht des Verletzten führen kann). Schmerzen signalisieren Verletzungen bestimmter Körperstellen, die dort durch den Tastsinn in Form seiner Überreizung bemerkt werden und die der Verletzte sofort instinktiv mit Affekten belegt («Es tut mir weh!»). Die verletzende Einwirkung durchstößt die Hülle (Haut) der leiblichen Integrität – und diese Hüllenverletzung, ob durch äußere Einwirkung oder durch innere Störung, ist Phänomen des überreizten Tastsinns. Die schützende Hülle um das Eigenwesen, in der der Tastsinn wacht, wird durchbrochen und aufgerissen, der Versehrte erschreckt schmerzlich vor dem Einbruch in sein Haus. Das ist ein instinktiv gestützter Affekt.

Die Differenzierung der beiden Erlebnisbereiche setzt eine genaue seelische Beobachtung voraus. Rudolf Steiner konzediert zwar diese Schwierigkeit schon in seiner ersten Darstellung zur Sinneslehre;[37] er zeigt, wie die Erfahrungen beider Bereiche nahe beieinander liegen und im seelischen Erleben ineinander übergehen können: «Nun muss zugestanden werden, dass der Unterschied zwischen den beiden Arten von inneren Erlebnissen, zum Beispiel für den Lebenssinn und dem gefühlsartigen Erlebnis beim Atmungs- und Wärmungsvorgang keine besondere Deutlichkeit hat.»[38] Aber er differenziert beide Bereiche eindeutig. Einer «genaueren Beobachtung» wird klar, dass es sich um zwei menschenkundlich verschiedene Erfahrungsbereiche handelt (so sehr sie im alltäglichen Leben ineinander fließen): «Man muss deshalb unterscheiden zwischen Atmungsbehagen, Wärmewohlbefinden, insofern sie instinktive innere Erlebnisse sind, und zwischen den ihnen entsprechenden Wahrnehmungen des Lebenssinnes. Die Welle des Instinktiven muss gewissermaßen erst an den ‹Ich-Menschen› heranschlagen, um zum Gebiete des Lebenssinnes zu gelangen.»[39]

Auch Ernst-Michael Kranich (2003) unterstreicht diese Schwierigkeit der Unterscheidung: «Das hängt damit zusammen, dass sich an die Lebensvorgänge seelische Erlebnisse anschließen, die man aber nicht mit den Wahrnehmungen des Lebenssinns verwechseln sollte. So lösen bestimmte Veränderungen im Ernährungsprozess Hunger und Durst aus. Das sind seelische Erlebnisse, die den Ernährungsvorgang begleiten bzw. anregen, nicht aber Empfindungen, die den

37 Siehe Anm. 31.

38 Siehe Anm. 31, S. 47.

39 Siehe Anm. 31, S. 48.

Ernährungsvorgang unmittelbar betreffen»[40], indem diese Lebensempfindungen ihn – wie wir hier ergänzen möchten – in seiner Wirkung im ganzen Lebensorganismus wahrnehmend einschätzen.

40 Ernst-Michael Kranich: Der innere Mensch und sein Leib, Stuttgart 2003, S. 79.

Eigenbewegungssinn

Der wache Mensch befindet sich leiblich stets in einer bestimmten Bewegung oder Haltung. Er schreitet mit den Beinen aus, er streckt die Arme, bewegt die Finger, nickt mit dem Kopf, zwinkert mit den Augenlidern, verzieht den Mund etc. Es senkt und hebt sich der Brustkorb beim Atmen, schwingt der ganze Leib beim Gehen oder befindet sich ruhend in einer bestimmten Haltung. Von all diesen Eigenbewegungen ‹weiß› der Mensch unmittelbar, ohne den Umweg über die Augen, durch die Empfindungen des Bewegungssinns.

Der Mensch *hüllt* sich nicht nur in seinen Leib durch die Empfindungen seines Tastsinns; er *lebt* nicht nur in seinem Leibe, dessen Lebensvorgänge er in ihrem integralen Tonus durch den Lebenssinn empfindet, sondern der Mensch *bewegt* sich auch und empfindet diese Bewegungen seiner beweglichen Leibesglieder unmittelbar innerleiblich, ohne auf sie hinzusehen. Sein ganzer Leib ist durchzogen von Beweglichkeit und Bewegtheit: Er schreitet mit den Beinen aus, er streckt die Arme, bewegt die Finger, nickt mit dem Kopf, zwinkert mit den Augenlidern, verzieht den Mund etc. Auch in größeren Arealen bewegt er sich: Es senkt und hebt sich der Brustkorb beim Atmen, schwingt der ganze Leib beim Gehen.

Alle Bewegungen der leiblichen Glieder, die willkürlichen wie unwillkürlichen, aber auch die passiven, nicht intendierten, von außen aufgenötigten, spüren wir unmittelbar als Vorgänge am Leib, genauer: an seinen beweglichen Gliedern über den gesamten Leib, vom Runzeln der Stirn über das Niederschlagen der Augen, Rümpfen der Nase und

Klappen des Unterkiefers bis hinab zum Wippen des Fußes und Spreiten der Zehen. Sie sind die Wahrnehmungen des Bewegungssinns.

Durch sie ist der bewegliche Leib, sind seine beweglichen Gliedmaßen überhaupt erst gegeben und bilden so einen differenzierten Bewegungsorganismus. Hingegen ist der Transport des ganzen (in sich unbewegten) Leibes durch den äußeren Raum keine Wahrnehmung, erst recht nicht die Bewegung anderer Dinge oder Leiber relativ zum eigenen Leib (das sind Vorstellungen, die wir uns erst aus Sehwahrnehmungen machen müssen). Daher spricht man vom Eigenbewegungssinn: Für diesen wahrnehmbar sind nur die Bewegungen des eigenen Leibes, den wir selbst zu bewegen vermögen, genauer: die Bewegungen der Glieder desselben zueinander. Diese Wahrnehmung ist die Grundlage für die koordinierte Ausführung der Bewegungen (wie zum Beispiel Greifen nach einem Gegenstand, Turmspringen, Balancieren, das aufrechte Dahinschreiten).

Zu dem Phänomenfeld des Bewegungssinnes gehört auch der Grenzfall der Ruhe, nämlich der Zustand, in dem eine Bewegung zu einem Ende kommt: die *Lage* der Glieder. Gemeint ist auch hier die relative Position der Glieder zueinander, also nicht die Lage oder Stellung gegenüber dem umgebenden Raum (dieser kommt erst mit dem Gleichgewichtssinn ins Spiel).

In der Ruheposition befinden wir uns in einer bestimmten *Haltung*, in welcher die Lagen der Glieder untereinander zusammengefasst erscheinen, die wir (auch ohne visuelle Beobachtung) innerleiblich unmittelbar empfinden. Diese Wahrnehmung droht allerdings sofort unter der Dominanz des Visuellen in die Vorstellung einer räumlichen Figur unterzugehen.

Bewegung und Lage der leiblichen Glieder werden nicht im dreidimensionalen Raum vorgestellt. Ihre Empfindung betrifft eine unmittelbare Qualität des eigenen Leibes, sofern er sich bewegt bzw. in einer bestimmten Lage ist. Der durch den Bewegungssinn empfundene Leib als Bewegungsorganismus befindet sich nicht in einem äußeren Raum, sondern in einer Sphäre mit den Freiheitsgraden, die im Leib in den motorischen Organen angelegt sind und in denen sich die Glieder bewegen und Lagen einnehmen. Die Freiheitsgrade des leiblichen Bewegungsorganismus sind in den von Muskeln ummantelten und über Gelenke und Sehnen verbundenen Gliedmaßen – allgemeiner: in allen gegeneinander beweglichen und bewegungsfähigen Gliedern – organisiert. In ihnen realisiert der Mensch seine unmittelbare Bewegungsbefindlichkeit. Erst sekundär kann diese Bewegungsbefindlichkeit über das Sehen auch räumlich vorgestellt werden (räumliche Bewegungsgestalt und Haltung).

In jedem Moment seines Wachlebens befindet der Mensch sich in einem bestimmten Bewegungszustand (inklusive Ruhe). Er empfindet sich in den Bewegungsorganismus seines Leibes inkarniert und findet sich darin als ein bewegliches und bewegtes, als ein reges leibliches Selbst – wie durch den Lebenssinn als ein «organisches leibliches Selbst» (Rudolf Steiner). Der Mensch bildet im Laufe seiner Entwicklung durch tätige Ausübung den Bewegungsorganismus erst aus: von den ersten unkoordinierten, eckig wirkenden Bewegungseinschüssen des Neugeborenen bis zu den geschmeidigen Bewegungsvollzügen (z. B. der Eurythmie) oder gar artistischen Abläufen (Akrobatik).

Indem der Mensch seine Bewegungen durch den Bewegungssinn koordiniert ausführt, ist der jeweilige Bewegungszustand gestaltet, er bildet eine Bewegungsgestalt. In diese fühlt sich der Mensch auf Erden inkarniert, wie durch den Lebenssinn in die Lebensgestalt seines lebenden Leibes.

Wie ‹sieht› nun die Bewegungsgestalt für den Bewegungssinn aus? Ausgestattet mit den empfundenen Bewegungen und Lagen der Glieder erscheint sie ‹größer› als die Leibesgestalt (des Tastsinns) und die Lebensgestalt (des Lebenssinns), ‹größer› in dem Maße, als die bewegten Glieder über die geschlossene Leibesgestalt ausgreifen und um diese eine gewissermaßen ‹runde› Sphäre, soweit die Radien der Glieder reichen, aufschlagen. Wichtig ist wieder, diese Sphäre nicht einfach statisch, räumlich vorzustellen. Sie ist nicht einfach eine dreidimensionale Kugel um den Leibesmittelpunkt, sondern aufgespannt von all den Freiheitsgraden der Bewegungsmöglichkeiten. Nur sekundär lässt sich diese Bewegungssphäre auch in eine räumliche Kugel hineinprojizieren: durch die Beobachtung von außen konstatieren wir die räumliche Position und die Reichweiten, welche die Bewegung durchläuft. Von innen, durch den Eigenbewegungssinn unmittelbar empfunden, nehmen wir die Bewegungsverläufe der Glieder und ihre jeweiligen Lagen *zueinander* wahr, nicht räumlich *nebeneinander*.

Was sind nun die spezifischen Wahrnehmungsqualitäten des Bewegungssinns? Bewegungen müssen wir hier beobachten, ohne sie als Geschwindigkeiten in Raum und Zeit einzuordnen, Bewegungen als primäre, elementare

Sinnesphänomene. Wir zählen einige Qualitäten auf und stellen ihre polaren Erscheinungsformen gegenüber:

langsam	schnell
hängend, träge, zögernd	rasch, heftig, hastig, überfliegend
schleichend, gemächlich	behend, rasend
ziehend, zäh	reißend
sanft	jäh
stetig	sprunghaft
ruhig	bewegt
legato, fließend	staccato, intermittierend
rund	eckig, zackig, staksig
schlaff	ver-, gespannt
geschmeidig, elegant	kantig, zitternd, krampfig, verspannt, spastisch
gedämpft	erregt
gehemmt	gebahnt

Man kann diese polare Bewegungsvielfalt schließlich auf zwei Grundphänomene zurückführen, die als elementare Urbewegungen alle Bewegungen der Gliedmaßen aufbauen:

Sammeln, Konvergenz	Verströmen, Divergenz
Zusammenziehen	Lösen
Spannen	Dehnen

In den polaren Raumesrichtungen sich bewegend:

zentripetales Krümmen	zentrifugales Strahlen
rückbezüglich	entfaltend
ins Zentrum	in die Peripherie
Hocken, Beugen	Strecken

Als Lage der Glieder:

gebeugt, krumm	gestreckt, gerade

Als polare Haltungselemente:

Krumme, Beugung	Gerade, Streckung

Oder in Grundgesten/Urphänomenen gesprochen:

Verschließen	Öffnen
Ballen	Spreiten

Jede Bewegung, sofern sie im ganzen Bewegungsorganismus abläuft, zeigt diese beiden Grundgesten. Im Ballen (Zusammenziehen) verschließt sich die Bewegungsgestalt, im Spreiten (Auflösen) öffnet sie sich. Sein ganzes Bewegungsfeld spürt der Mensch über den Bewegungssinn nach diesen Grundbewegungen ab und empfindet die Qualitäten der Bewegungsgestalt als mannigfaltige, spezifische Durchdringungen derselben in sich.
Auf der körperlichen Ebene spüren wir sie in den Muskeln als ein dumpfes

Muskelverkürzen (-spannen)	Muskelverlängern (-dehnen)
Kontraktion (z. B. des Beugers)	Dilatation (des Streckers)

In den Muskeln und Sehnen finden sich

Zug	Entspannung

Der Bewegungssinn selbst ist ein Willenssinn: «Fühlen Sie doch, wie in das Wahrnehmen von Bewegungen, selbst wenn Sie diese Bewegungen im Stehen ausführen, der Wille hineinwirkt.»[41] Der anatomische Befund dafür ist, dass die sensitiven Muskelspindeln des Bewegungssinnesorganes auch motorisch innerviert sind. Diese Willensinnervation disponiert den Sinn in die aufmerksame Wahrnehmungserwartung – allerdings, insofern der Wille sich *zurückhält* und die nur angelegte Bewegung nicht ausführt. Wir tauchen mit dem Willen in unseren Bewegungsorganismus, indem wir ihn mit Bewegungsimpulsen im status nascendi überfluten und, zurückgehalten, zur Wahrnehmungsfähigkeit erregen (aktivieren).

Die dumpfen Spannungs- und Lösungsempfindungen im Bewegungsmenschen erleben wir als eine Hülle, die das ursprüngliche Phänomen, die Bewegungsgestalt in ihrer lebendig-ätherischen Ganzheit überschleiert. Sie kann durch den polaren Lautsinn wieder entzaubert werden. Die Lautgestalt lichtet die Bewegungsgestalt (raum-zeitliche Konfiguration). Die Lauteurythmie macht offenbar:

Laut M:	Rückbeziehen	Entfalten
Laut R:	Dämpfen	Erregen
Laut L:	Sammeln	Verströmen

Jede einzelne, dumpfe Bewegungsempfindung ist eingebettet in den ganzen Bewegungsorganismus, dessen gliedrige Bewegungen in der integralen Bewegungsgestalt koordiniert

41 Rudolf Steiner: Allgemeine Menschenkunde als Grundlage der Pädagogik (GA 293), Vortrag vom 29. August 1919.

sind. Aber diese selbst bleibt in ihrem ätherischen Wesen verhüllt für den physischen Sinn.

Wo die zunächst dumpfen Empfindungen der Bewegungen, die wir in den Freiheitsgraden des beweglichen, gliedrigen Leibes frei inaugurieren, ins Seelische hinaufschlagen, erleben wir unser eigenes freies Seelisches. «Dass Sie sich als eine freie Seele empfinden, das ist die Ausstrahlung des Bewegungssinns, das ist das Hereinstrahlen der Muskelverkürzungen und Muskelverlängerungen in Ihr Seelisches.»[42]

---

42 Rudolf Steiner: Geisteswissenschaft als Erkenntnis der Grundimpulse sozialer Gestaltung (GA 199), Vortrag vom 8. August 1920.

Gleichgewichtssinn

Wir stehen aufrecht auf dem festen Erdboden und ‹wissen› unmittelbar um diese Stellung, ohne sie erst im Vergleich mit visuell gegebenen senkrechten Gegenständen feststellen zu müssen. Wir ‹wissen› durch die Aufrichtung unseres Leibes, die wir auch mit geschlossenen Augen empfinden, was oben und was unten ist, was Auslenkungen aus dieser Vertikalen in die Fallrichtungen sind, gegen die wir die Aufrechte im Gleichgewicht halten können, weil wir sie dank des Gleichgewichtssinns wahrnehmen. Ohne diese Wahrnehmung würden wir stürzen.

Mit dem Gleichgewichtssinn stellt sich der Mensch wieder in einer spezifischen Weise leiblich auf die Erde. Er steht aufgerichtet über dem Erdengrund. Die Empfindung des Gleichgewichts ist das Gewahren und Bewahren dieser aufrechten *Stellung* über dem tragenden Grund im ruhenden Umraum. Sobald der Grund wegbricht (oder auch nur in der Vorstellung wegzusinken scheint wie beim Höhenschwindel) oder der Umraum schwankt und um uns ‹kreist› (Karussellschwindel), fallen wir aus der Aufrechte und stürzen.

Der Mensch fasst, indem er sich aufrichtet, Fuß im Erdenraum. Das ist primär wieder eine Eigenempfindung: Ich bin da, meiner selbst leiblich gewiss, wo ich mit meinen Füßen mich hinstelle, an einem bestimmten Standort in mich selbst gestellt und aufgerichtet. Im Einrichten und Innewerden und Haltenkönnen des Gleichgewichts in der aufrechten Stellung bin ich da, spüre ich mich selbst als Raumeswesen. ‹Raum› ist hier nicht schon der euklidische Raum, dessen Koordinatensystem wir beliebig orientieren können, sondern die Sphäre, in die sich die Empfindung der Eigenaufrechte im Gleichgewicht hineinstellt. Primär ist er ein Eigenraum, der aber in der eigenen Aufrichte sowie in der Festigkeit des Grundes und der Ruhe der Umgebung objektive Weltqualität bekommt.

Auf sich selbst gestellt und gestützt, aufgerichtet über dem Fußpunkt, auf dem er steht, bildet der Mensch das Zentrum, den Mittelpunkt eines aufgerichteten, orientierten Umraums; ‹unten› heißt: tragender, stützender Fußpunkt, ‹oben› heißt: lichte Höhe, die er aufrichtet, indem er sich selbst, von der ‹unten› stützenden Statik im Schwerefeld der Erde sich emanzipierend, aufrichtet. Diese Unten-Oben-Dimension – eine absolute Dimension im Vergleich zu der relativen des geometrischen Koordinatensystems – entfaltet den Eigenraum des aufgerichteten Menschen und damit für den Menschen den (absoluten) Raum schlechthin, den er aufstellt. Aufragend aus seiner axialen Raummitte, entwirft der Mensch Umraum, in dem er steht.

Eine besondere Bekräftigung dieser *innerleiblichen* Konstitution der Aufrichte (die sich also nicht an äußeren ‹aufrechten› Gegenständen orientiert) erleben wir in der Tatsache, dass selbst da, wo wir uns nach allen Richtungen bewegen (oder bewegt werden) – oder die Gegenstände, die wir sehen, um uns bewegt werden –, ob beschleunigt, ob kreisend oder überschlagend (Salto), wir solange die (innere) Aufrechte bewahren, als wir in jeder Stellung ‹wissen›, was ‹oben› und ‹unten› ist, wir unseres (leiblichen) Gleichgewichts sicher sind und nicht in den Abgrund des Schwindels stürzen, in dem wir uns selbst (leiblich) verlören.

Diese innere Stand- und Stellungsinvarianz gegenüber allen äußeren Bewegungen, denen wir als Körper auf Erden ausgesetzt werden können, entspricht der Autoimmunität unseres Lebensorganismus gegenüber den äußeren Einflüssen. Gegen alles, was um uns fällt und stürzt, aufschießt und verweht, stellen wir uns selbst.

Aufgerichtet sind wir also nicht, weil wir uns parallel zu sichtbar aufgerichteten Gegenständen (Bäume, Häuser) hinstellen, sondern umgekehrt: Diese beurteilen wir beim Sehen als ‹aufgerichtet› (zum Beispiel indem wir schräg hängende Wandbilder wieder in eine vertikale Stellung bringen), weil wir sie an der eigenleiblichen, inneren Aufrichtung messen und orientieren. Wir stellen uns neben sie und beziehen unsere primäre Aufrichte (durch ein unterbewusstes Urteil) auf sie. Die Erfahrung zeigt, dass wir uns auch im Dunkel, ohne äußere visuelle Orientierung, durchaus aufrecht halten können, wenn auch meist etwas schwankender, unsicherer als bei visueller Kontrolle (die aufgrund der Dominanz des Sehens im Alltagsleben immer mit hereinspielt).

Auch ist der Himmel, wenn wir die Augen aufschlagen, ‹oben› und die Erde ‹unten›, als Folge davon, dass wir unsere eigene Aufrichte dazwischenstellen und dadurch ‹oben› von ‹unten› unterscheiden.

Die Aufrechte müssen wir aktiv herstellen, und ‹Gleichgewicht› ist die Wahr-Nehmung (des Gleichgewichtsinns), sie auch halten zu können. Denn wir stehen, über schmalen Fußsohlen aufgerichtet, in einem sehr labilen Gleichgewicht. Wir müssen um dieses fortwährend ringen. Wir bemerken dieses nicht erst beim Stolpern, das wir durch Gegenbewegungen abzufangen versuchen, sondern auch beim ruhigen

Stand in den permanenten leichten Schwankungen, mit denen wir ‹ständig› die Aufrechte (das Lot) umpendeln, ausbalancieren und justieren.

Wir stehen im Raum aufrecht, weil wir innerlich (innerleiblich) aufgerichtet sind (auch wenn wir sitzen oder liegen). Wir ziehen unseren Leib in die Aufrechte, weil wir in dieser Stellung als Raum-Wesen da sind – und das tun wir, wenn wir wachen, wenn wir stehen oder gehen. Indem wir so existenziell die Aufrechte ‹urständlich› errichten, können wir sie auch der Welt einschreiben. So geben wir ihr die Raumdimensionen: Die äußere, räumliche Vertikale ist das primäre ‹Projekt› unserer inneren Vertikalen. Auslenkungen aus ihr ergeben die äußere Horizontale, dazwischen die schiefen Stellungen, Auslenkungen nach vorne und hinten oder rechts und links, die durch weitere Aktionen unserer Leibesglieder unterschieden werden: in Bein- beziehungsweise Armstellungen, die wir freilich über den Bewegungssinn wahrnehmen, aber erst relativ zur vertikalen Achse als Raumorientierungen verstehen. Die beiden Raumdimensionen ‹hinten – vorne› und ‹links – rechts› öffnen sich durch die ständigen Auslenkungen (Schwankungen) beziehungsweise durch intendierte Ausgriffe aus der primären Vertikale des Gleichgewichts.

Das Urphänomen des Gleichgewichtssinns ist also die bewegt-ruhige Aufrechte im Gleichgewicht. Sie stellt sich im Gleichgewicht, das ständig errungen und erhalten werden muss, zugleich in den Raum seines stets gegenwärtigen Defizits, des Ungleichgewichts, durch das die Vertikale jederzeit in die Horizontale abstürzen kann. So erfährt der Mensch durch den Gleichgewichtssinn seine primär vertikale Stellung in der Welt beziehungsweise, wo er sie aufgibt, die horizontalen Lagen (Liegen, Sitzen, schräges Anlehnen u. a.). Man kann also die verschiedenen Wahrnehmungen des Gleichgewichtssinns zwischen die Pole Vertikale und Horizontale einordnen und alle schiefen Stellungen dazwischen, die durch Grade des Nicht-Gleichgewichts, d. i. der Auslenkungen aus der gleichgewichts-gestützten Vertikalen gegeben sind. Gegenüber dem flachen Horizont, in den sie sich jederzeit verlieren kann, indem der Mensch fällt, erhält sich die Vertikale stets aufrecht. Insofern gehört der Horizont in seiner Breite und Weite zum Raum des Gleichgewichtssinns. Ja, über diesen Raum breitet sich die Ruhe des in und auf sich gestützten Gleichgewichts aus, die den Menschen dank seines Gleichgewichtssinns in der physischen Welt umfängt und sicher auf sich selbst stellt.

Mit dem aufrechten Sich-Hinstellen und den seitlichen Ausgriffen realisiert der Mensch das Projekt der Ein-Räumung: ‹Heben – Tragen – Stellen› bilden den Urrhythmus des in und aus der Aufrichte bewegten Menschen zwischen Höhe und Tiefe. Zwischen Himmel und Erde spannen wir, indem wir uns im Leib aufrichten und darin im Gleichgewicht halten, den physischen Raum auf. Er ist also primär vertikal, also hoch-orientiert, seine Breite und Weite ergreifen wir durch zusätzliche Bewegungen und Lagen relativ zur Vertikalen.

Dass, neben der Höhe, auch die Breite und Weite einen ruhigen Raum eröffnen, in dem wir uns befinden, ist eine Folge des ‹ungestörten›, ‹ruhigen› Gleichgewichts in der Aufrichte; denn mögen sich auch die Dinge im Raum bewegen – der vom Gleichgewichtssinn aufgespannte Raum selbst, der sie trägt, erscheint ‹in Ruhe› (sonst überfiele uns der Schwindel). Diese ‹Ruhe› er-gründen wir im Aufrichten gegen die Erdenschwere, die, unter die Füße gebracht, uns trägt. Auf dem Erdengrund finden (empfinden) wir so die Stand-Sicherheit unseres physischen Daseins.[43]

Ins Seelische hereingestrahlt, empfinden wir die Erlebnisse des Gleichgewichtssinns als ‹innere Ruhe›: «So könnte ich durch die Luft fliegen, ich würde ruhig derselbe bleiben. [...] Dieses Unabhängigsein von der Körperlichkeit [wie auch immer der Körper im ruhig und im Gleichgewicht aufgespannten Umraum bewegt wird], das ist das Hineinstrahlen des Gleichgewichtssinnes in die Seele. Es ist das Sich-als-Geist-Fühlen.»[44]

Blickt man mit dem beschriebenen inneren Sinn auf den aufrechten Menschen, so schaut man in seiner ganzen aufgerichteten, gleichgewichteten Gestalt den ausgebreiteten Gleichgewichtssinn (nicht nur in dessen Organen hinter dem Innenohr). Vom Fuß bis zum Kopf, über den symmetrischen Gleichgewichts-Bau der Leibesgestalt, insbesondere über den Beinsäulen und im unter dem Rückgrat ‹wägenden› Becken und in den Hüften ist er Ausdruck des Gleichgewichts-Sinns – überall wird das Gleichgewicht gewogen. Stellung und Stand sind Ausdruck seines leibgestützt aufgerichteten, freien Ich-Daseins auf Erden.

Ein eindrucksvolles Beispiel, wie problematisch die Standsicherheit im Erdenraum ist, kommt im künstlerischen Werk

43 Wir denken, dass diese innerleiblich getragene Ruhe-Stellung die menschenkundlich reale Grundlage für den Newtonschen Begriff des ‹absoluten Raumes› abgibt – diesem liegen, wie allen mathematischen Begriffen, ursprünglich innerleibliche Erfahrungen zugrunde, die in der Mathematik, zu formalen Zeichen abstrahiert, ins Bewusstsein gehoben werden.

44 Siehe Anm. 42.

Alberto Giacomettis zum Ausdruck. ‹Der Karren› (1950) zeigt nachfühlbar, wie labil und ständig auszubalancieren die Gleichgewichtslage auf bewegter Grundlage ist.

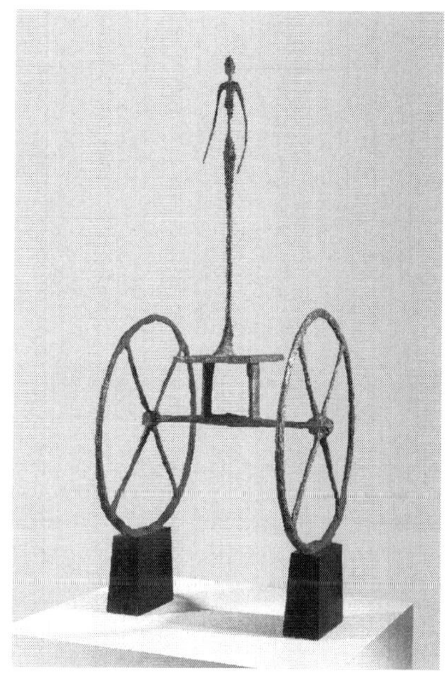

Alberto Giacometti: Der Karren, 1950

Der bewegt-bewegliche Leib ist stets ein ‹Karren›, der nach allen Seiten fortrollt und mit der Bewegung den festen Boden entzieht. Wie kann er zur Arche werden, die den Menschen gegen die Sintflut hereinbrechender Bewegungen birgt und sichert?

Wie prekär die Gleichgewichtslage ist, spiegelt folgender Vergleich wider.

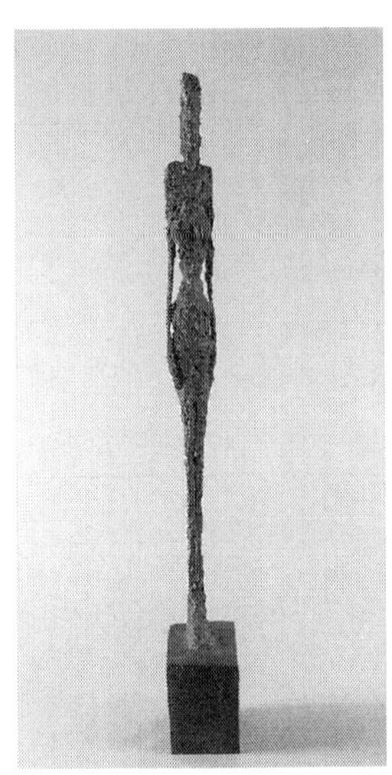

Alberto Giacometti: Taumelnder Mann, 1950 (links);
Stehende Frau, 1948–49 (rechts)

Der ‹Taumelnde Mann› droht nicht nur zu stürzen, sondern ohnmächtig sich ganz zu verlieren im mit seinem Gleichgewicht zusammenbrechenden Raum (man beachte die Kopfhaltung). Der taumelnde Fall wirkt wie ein schwindelnd-wirbeliger Sog, in dem der Mann selbst verschwindet.

Demgegenüber rechts die ‹Stehende Frau›. Auf tragendem Sockel steht die schmale, fast auf die pure vertikale Achse reduzierte (entmaterialisierte) menschliche Gestalt. Keine sichtliche Gebärde hält die Figur im Umkreis, kein vorgegebener Raum birgt sie – sie steht im Leeren (Giacometti: «Die Plastik ruht im Leeren»), nur ganz auf sich gestellt, um den Umraum durch ihre Auf-Stellung zuallererst aus der Leere einzuräumen: in der gebündelten, straff erstellten

Vertikalen auf dem festen Grund des Stehens in sich aufzurichten. Raum erstrahlt aus der koaxialen Statuarik der Figur (Statue).

Zusammenschau zu den unteren Sinnen auf ästhetischer Beobachtungsebene[45]

Die Wahrnehmungen der unteren, im eigenen Leibe agierenden Sinne, sind sehr verhalten; wir leben innerlich mit ihnen, ohne sie so bewusst ‹vor Augen› zu haben wie die der bekannten fünf Sinne, die in die Umwelt reichen. Sie durchstimmen unterschwellig unser Daseinsgefühl und unser Verhältnis zur Umwelt.

Eine Hilfe zur Objektivation, durch die sie genauer in den Blick genommen werden können, sind künstlerische Darstellungen (wie schon die oben angeführten), in die die Erfahrungen der unteren Sinne eingeflossen sind. Da die unteren Sinne ‹Leibes-Sinne› sind, Sinne, durch die wir unseren eigenen Leib von innen wahrnehmen, also die Qualitäten, in denen wir ihn ergreifen und in Besitz nehmen, (ge-)wahr-nehmen, bieten sich die plastischen Bildwerke des menschlichen Leibes an, insbesondere aus einer Epoche, in der für die Menschen die vollzogene Einwohnung in ihn Erfahrung war: der klassisch-griechischen Zeit.

So nehmen wir die antike Statue der menschlichen Gestalt zum Spiegel, an dem wir unsere eigenen (meist nur diffusen bzw. unterschwelligen) Wahrnehmungen am Leib im ästhetischen Erleben reflektieren und bewusst machen: An ihm lesen wir im bewusst machenden Abstand

45 Dieses und das folgende Kapitel werden hier erstmals publiziert.

– mit künstlerischem Sinn – ab, was dunkel in unseren Erfahrungen der unteren Sinne steckt: wie, mit welchen Wahrnehmungen wir im Leibe stecken beziehungsweise dessen inne sind. Wir verifizieren diese objektivierten Beobachtungen an den Plastiken dann durch den Rückbezug auf unsere inneren Leib-Gewahrungen. Diese Beschreibungen sind, via Spiegelbild, bildhafter Art und vergegenwärtigen mit imaginativer Gebärde, was die unmittelbaren Wahrnehmungen bergen, also zugleich an den Tag fördern und innerlich verhüllen – man könnte sagen: in Gewahrsam nehmen. Die Leibgestalt der Statue reflektiert das ‹Körperschema› (Körperbild), dessen wir durch die unteren Sinne gewahr werden.

Diese Reflexion erschließt ein gegenteiliges Bild vom Leib als Sarg oder Kerker der Seele: Die Seele ist es, die den Leib – durch Wahrnehmung – in Gewahrsam bringt, bewacht und verwahrt. Die Seele ergreift aktiv den Leib durch die spezifischen Erfahrungen der unteren Sinne (die Willenssinne sind) – nicht er fängt sie ein. Ursprünglich ist es unser Inkarnationswille, durch den wir unseren Leib aufnehmen, um auf Erden da zu sein! Das lässt sich an der seelischen Beobachtung verifizieren: Die Aufmerksamkeit ist primär. In ihrem Horizont erst gewahren wir des eigenen Leibes, in dem sie sich den inneren, unteren Sinnen zuwendet!

Stellen wir uns also eine Statue des reinen Leibes (hier im Ersatz eine fotografische Abbildung) vor Augen:

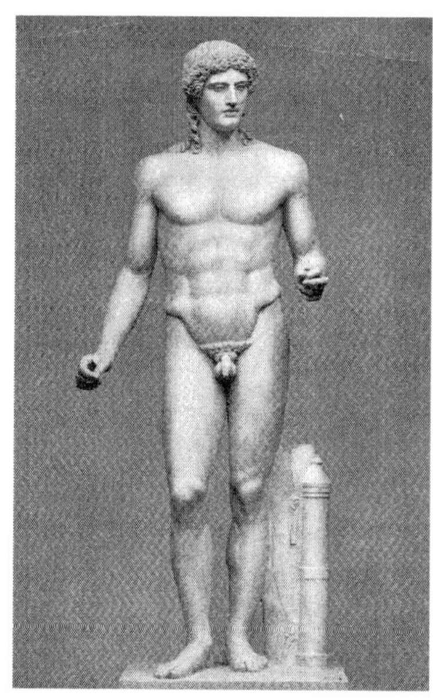

Apollon
nach einem Original des Phidias, 450 v. Chr.

Der Jüngling steht auf der Vertikalen, gebildet aus ‹linkes Standbein – leicht hochgerückte, aufgestützte linke Hüfte – Schulter›, und darüber das frei getragene Haupt (Kapitell der Menschensäule). Das rechte Spielbein spiegelt die Leichtigkeit der erfolgreichen Aufrichtung. Das wägende Becken und die ausladenden Arme zeigen das ausbalancierend-schwingende Gleichgewicht, in dem die Aufrichte besteht.

Der Leib des Kouros ist überflutet von feinen Bewegungsströmen zum offenen, empfangenden Antlitz. Sie durchregen die ruhig-aufgerichtete, aufgestellte Gestalt: vom leicht gewendeten und geneigten Haupt fallen sie in den offen gestreckten rechten Arm bis über das entlastete rechte Spielbein hinab, um in einer Gegenbewegung (dem Kontrapost in der Haltung) vom gebeugten linken Arm, unterstützt vom aufstrebenden Hüftschwung des linken Standbeins, zurückzufluten, so dass in dieser in sich geschlossenen Bewegung das Gefühl der freien Seele aufblüht. Zwischen Beugen (Ballen) und Strecken (Spreiten) spielen die Bewegungen. Der nackte Leib ist vom Bewegungsorganismus überschleiert, in dem sich die freie Seele auf Erden empfindet.

Der Leib schwillt von quellendem Leben. Ein sichtlicher Lebenstonus spannt die konvexen und konkaven Oberflächen, in deren Zusammenklang ein Wohlbefinden atmet, in das Ganze des autarken, in sich abgerundeten Organismus. (Ästhetischer) ‹Schein des Lebens› herrscht in der frischen, regsamen Spannkraft, die die Glieder durchregt. Das leichte Lächeln spricht von der Morgenfrische des behaglichen Inkarniertseins. Der Jüngling wacht in den Regungen seines Leibesdaseins.

Über die glatte Marmoroberfläche gleitet der Blick gleichsam tastend und umhüllt den nackten Jüngling mit einem Schleier der sich in sich selbst abschließenden, ‹dichten› Selbstempfindung, die sich im (ästhetischen) ‹Schein des Bewusstseins›, das im überlegenen Lächeln spielt, ausdrückt.

Geborgenheit auf dem Erdenplan

Eine Zusammenschau zu den unteren Sinnen

Die vier unteren Sinne oder Basalsinne bilden einen Organismus, in dem sie ihre Funktionen in vielfältigen Verbindungen untereinander entfalten – mit dem Resultat der Gesamtwahrnehmung des leiblichen Daseins in der physischen

Welt. Tasten, Leben, Bewegung und Gleichgewicht charakterisieren die vier Sinnesfelder, in denen wir uns des eigenen physischen Leibes vergewissern, indem wir als Willenswesen sie hervorrufen und daher leibhaftig um uns selbst wissen. Die Funktionen der unteren Sinne sind im alltäglichen Gebrauch vielfältig verknüpft, ihre Erfahrungsfelder miteinander vernetzt. So spüren wir etwa beim Heben von Lasten den Druck auf den Fußsohlen und Handflächen (Tastsinn), die Kraftentfaltung, Bewegung und Haltung (Bewegungssinn), das Hochheben in die Aufrichte (Gleichgewichtssinn) und schließlich das Kraftbehagen oder, bei Überanstrengung, die Entkräftigung durch Unbehagen (Lebenssinn).

Dabei ist fundamental, dass diese Erfahrungen primär Eigenwahrnehmungen sind, dass der Mensch also durch sie und mit ihnen seinen eigenen Leib von innen her kennenlernt (nicht als äußeren, zum Beispiel visuellen Körper): wie er ihn durch seinen Willen ergreift und dadurch bewohnt. Der so wahrgenommene Leib baut sich aus den Qualitäten der vier unteren Sinne auf – so, dass der Mensch sich darin als (leibliches) Eigenwesen empfindet (befindet). Man kann hinsichtlich des Organismus der vier unteren Sinne, die den Leib durchdringen, von einer *Tiefensensibilität* sprechen, inwiefern der Mensch aus der ergriffenen und durchdrungenen Tiefe des Leibes die Grundlage seines physischen Daseins empfängt.

Es handelt sich also um ausgesprochene Eigen-Sinne: Eigentastsinn, Eigenlebenssinn, Eigenbewegungssinn, Eigengleichgewichtssinn. Der Mensch findet sich selbst als physisches Eigenwesen, dass und *inwiefern* und *in welcher Weise* es sich als solches in die physische Welt stellt. Diese erschließt sich ihm zugleich mit den Eigenempfindungen als die Sphäre, in der diese Empfindungen als Wahrnehmungen objektiv gegeben sind: Ich bin (als leibliches Eigenwesen) in der (physischen) Welt da, mir selbst gegeben (wie jede Wahrnehmung), ohne dass ich weiß, woher, und im normalen (gesunden) Falle meiner gewiss, sicher und getragen: im Eigen*sein* substanziell geborgen – im Eigen*leben* autark – in der Eigen*bewegung* frei – im Eigen*stand* aufgerichtet auf mich selbst gestellt.

Diese Eigen-Artigkeit ist das Spezifikum der unteren Sinne. Indem deren Erfahrungen verhüllt – indem deren Erfahrungen in der Hülle der Eigenempfindung (Befinden) verhüllt – auftreten, scheinen sie sich in ihren positiven Weltqualitäten zu entziehen – und dienen ‹nur› als Hülle (Träger) dessen, der mit ihnen in der physischen Welt auftritt: der Mensch in seiner leiblichen Eigen-Art.

Man hat den Eindruck, dass die Empfindungen der unteren Sinne die Wahrnehmungsinhalte, die im Tasten, Leben, in der Bewegung und im Gleichgewicht gegeben sind, gewissermaßen aufsaugen und einlösen in die Eigenbefindlichkeit des Menschen im Leib. Er ist leibhaftig da, indem er wahrnimmt, wie er die Substanz, das Leben, die Bewegung und das Gleichgewicht seines Leibes willentlich ergreift und zu eigen macht. Auf diesen vier Elementen findet er sich auf den Erdenplan gestellt, gehalten und umsichert. So ist der Leib, im sogenannten Körperschema als *sein* Leib empfunden, sein Wohnort, die Heimat, die ihn aufnimmt und umgibt in der viergliedrigen Landschaft der Erfahrungen seiner unteren Sinne.

Erst sekundär, das heißt durch Urteilsprozesse, die sich an die unmittelbaren Wahrnehmungen anschließen und die diese im Urteilen in die Welt projizieren, können diese Eigenqualitäten auch zu Welteigenschaften erschlossen werden: die leibhafte Existenz der Dinge – Lebendigkeit (Atmosphäre) der Natur – Bewegung von Gegenständen – Orientierung der Gegenstände.

Menschenkundlich gesprochen ist der Mensch auf dem physischen Erdenplan als viergliedrige Wesenheit organisiert:

- als physischer Leib unmittelbar in der physischen Substanzialität, die der Tastsinn auf dessen Oberflächen ertastet;
- als ätherischer Leib im Lebensorganismus, den der Lebenssinn durchspürt;
- als astralischer Leib, dessen Bewegungsimpulse in den Bewegungen der Leibesglieder vom Bewegungssinn verfolgt werden;
- als ‹Ich› in der Aufrichtung des Leibes im Gleichgewicht, das der Gleichgewichtssinn gewahrt.

Die unteren Sinne positionieren den Menschen in der physischen Welt – durch ‹Befindlichkeiten›:

- Gleichgewichtssinn: Wie stellt er sich? – Wie ‹steht› es um ihn?
- Bewegungssinn: Wie bewegt er sich? Wie hält er sich? – Wie ‹ergeht› es ihm?
- Lebenssinn: Wie befindet er sich? Wie geht es ihm? – Wie ‹lebt› er (sich)?
- Tastsinn: Wie hüllt er sich (ein)? – Wie ‹fühlt› er sich?

Was durch die unteren Sinne zunächst ganz dumpf (unterbewusst) als leibliche Eigenwesenhaftigkeit aufdämmert, lichtet, von unten nach oben zunehmend, schließlich im ‹Ich› des Auf-sich-selbst-Gestelltseins im stets neu balancierten Gleichgewicht auf. Aufsteigend aus dem räumlich (in der Haut) begrenzten (Tast-)Selbst über das organische (Lebens-)Selbst und dynamische (Bewegungs-)Selbst bin ‹ich›, im (Gleichgewichts-)Selbst, auf mich selbst gestellt, in diesem viergliedrigen Leib leibhaftig selbst da. So meiner (leiblich) selbst in der physischen Welt gewiss, kann ich mich nun von hier (meinem Leib) aus der äußeren Welt wahrnehmend zuwenden, indem ich mich der mittleren (Umwelt-)Sinne und der oberen (Sozial-)Sinne des Leibes als Grundlage bediene.

Die mittleren Sinne

Mittlere Sinne

Im Spektrum des zwölfgliedrigen Sinnesorganismus bilden unter den vier mittleren Sinnen, die sich der Umwelt öffnen, der Geruchssinn und der Geschmackssinn die ‹tiefsten›, insofern ihre Erfahrungsfelder von der spezifischen Befindlichkeitscharakteristik der vier unteren oder Leibes-Sinne durchzogen sind. Diese tragen sie beide, mit unterschiedlicher Prägnanz, an sich, was sie in den alltäglichen Erfahrungen verbindet. So seien sie in der folgenden Sequenz der Sinnesserie auch gemeinsam vorgestellt und charakterisiert.

Geruchssinn

An einem heiteren Hochsommertag gehe ich zügigen Schritts übers Land, atme die warme Luft tief ein – und mit ihr eine reiche, ständig wechselnde Fülle von Düften: im schattigen, feuchten Bruch den Moder, im hohen Wald die harzige Tanne, aufs freie Feld tretend die Heublume oder dann die frisch aufgepflügte Ackerkrume, Holzfeuerschwaden, an einem Hof vorbeikommend Pferde und Schweine, dann plötzlich Dieselabgase …

So nahe uns die Gerüche – Riechen, Schnüffeln, Wittern, Schnuppern – mit dem Einatmen auch kommen, verbinden wir mit ihnen doch bestimmte Qualitäten von Dingen unserer Umwelt, unterschiedliche Substanzen der unmittelbaren Umgebung, die wir, indem wir sie riechen, in ihrer objektiven Gegebenheit wahrnehmen. Mit dem Geruchssinn treten wir, obgleich mit starken Empfindungen unserer Befindlichkeit verknüpft, in die substanzdurchschwängerte, in Düften uns umwehende Umwelt hinein.

Spezifische Qualitäten seien aufgezählt (ihre Bezeichnungen wirken zunächst etwas unbestimmt, deshalb fügen wir Varianten an, die sie mit weiteren Nuancen umschreiben mögen; sie bekommen erst durch Nennung beispielhaft konkreter Dinge bzw. Situationen, denen die Gerüche entströmen, eine gewisse Bestimmtheit, die wir deshalb in Klammer hinzufügen); Reihenfolge und Anordnung entspringen einer Perspektive, die wir im Folgenden herausarbeiten bzw. zur Prüfung an den einzelnen Qualitäten vorschlagen wollen:

faulig (faule Eier)
stinkig (reifer Camembert)
muffig (feuchter Keller, nasse Wolle)
modrig (Moosdecke)
erdig (Kompost)
staubig (alter Dachboden)
süßlich-schwer (von Weihrauch über Orchidee bis Moschus)
süßlich-leicht, ätherisch-ambrosisch, blumig, duftig (Rose)
aromatisch (Birne)
fruchtig (Apfel)
würzig (Rosmarin, Pfefferminz)
harzig (Tanne, Reisigfeuer)
brenzlig, beißend (schmorendes Gummi)
ätzend, brennend, stechend (Ameisensäure, Ammoniak)

Die Gerüche weben in gewissen atmosphärischen Medien der Umgebung: im Dunst, Rauch, Nebel, Dampf, Hauch der Luft. In ihnen sind die Substanzen ‹verduftet› und für die Geruchsempfindung erschlossen. Gerüche erscheinen wie atmosphärische Auren der Dinge, die sie verströmen. Genau besehen – besser: ‹errochen› – kann man sagen: gasige Stoff-Aufschlüsse bilden die Geruchsempfindungen. Diese offenbaren, was von Stoffen als solchen ausgeht an feinen Verduftungen oder Ausdünstungen. Wir riechen den ‹Stoff› selbst, seine ‹luftig-duftende› Substanzialität, die in der spezifischen Geruchsqualität erscheint. Indem wir den Duft einatmen und riechen, erschließt er in uns, innerhalb unserer Empfindung und durch sie, eine Art atmosphärischer Befindlichkeit des in ihm heranwehenden ‹Stoffes›, die wir objektiv wahrnehmen. Jede Geruchswahrnehmung, die wir haben, offenbart die Befindlichkeit eines bestimmten in Duft aufgelösten Stoffes, indem wir diesen in uns aufnehmen und so mit unserer eigenleiblichen Befindlichkeit durchziehen und ‹stofflich› erschließen.[46] Diese eigenleibliche Befindlichkeitsform bildet wie eine ‹aufschlussreiche› Wolke, die den ‹Stoff› umduftet, die Hülle, innerhalb welcher der spezifische Geruch empfunden wird – man könnte auch weniger bildlich sagen: das geruchssensible Medium für die Geruchsempfindung. Das zeigt sich nicht erst in den Extremen des obigen Spektrums: wo das Faulige ekelerregend und widerlich, das Ätzend-Brennende stechend verletzend, beide also abstoßend auf unser leibliches Befinden wirken. Auch die mittleren Qualitäten umfangen uns mit bestimmten leiblichen Anmutungen: im erfrischenden, anziehenden Duftig-Blumigen (Parfüm) oder im betörenden, ja betäubenden Schwer-Süßlichen (Orchidee). Riechen wir etwas Schwer-Süßliches, dann ‹befindet› sich die Orchidee hier in unmittelbarer Umgebung in einer spezifisch substantiellen Charakteristik: einfangend, umhüllend; etwas Brenzlig-Stechendes in einer anderen Umgebung und Charakteristik: abstoßend.

Dass die Gerüche unmittelbar und nicht erst in einer sekundären Wirkung (z. B. bei extremen Reizen) mit unserem Leibesleben verbunden sind, deutet auf die Nähe des Geruchssinns zu den unteren Leibessinnen (insbesondere dem Lebens- und Tastsinn) hin.

46 Für diesen Sachverhalt hat der Volksmund sprechende Redewendungen wie: ‹Es stinkt mir›, ‹Ich kann ihn nicht riechen›, ‹Er ist Luft für mich›, ‹Er rümpft die Nase› (abschätzig), ‹Etwas wird ruchbar›, ist ‹anrüchig›, ‹Hier liegt etwas in der Luft› etc. Dass wir gewissermaßen in eine innere, ‹wahre› Befindlichkeit einer Sache hinein zu dringen vermögen, symbolisiert die Wendung ‹den richtigen Riecher haben›.

Und doch ist die in dieser Befindlichkeitsform auftretende umweltgegebene Qualität, die mit dem Duft den Umgebungsraum erfüllt, nicht zu übersehen. Ganz eigenwillig objektiv, verduftend den Raum durchdringend und behauptend, gebärden sich die ‹Stoffe› da innerhalb der subjektiven Hülle der Empfindungen (zwischen den Extremen des einnehmenden Wohlgeruchs und des abstoßenden Gestanks), die wir den Stoffen zusprechen. Diese Lokalität ist freilich nicht örtlich, nicht gegenständlich (wie z. B. der harzende Baumstumpf), eher umgebungsartig, atmosphärisch, irgendwie um uns herum substanziell anwesend.

In der Umgebung ‹verduftet›, ist der Stoff ganz in aufgelöster Ausbreitung präsent. *Wie* präsent, das riechen wir eben. Davon spricht die spezifische Geruchsqualität. Durchlüftet, verduftet, ist seine Präsenz nicht körperlich solid, sondern alles ist in feinster Auflösung in die Atmosphäre nach außen gekehrt, gewissermaßen in Duft gänzlich aufgeschlagen, so zwar, dass dieser Duftraum von Befindlichkeit umhüllt erscheint und insofern, wie unsere leibliche Befindlichkeit leibhaft-stofflich empfunden wird und so wiederum innerlich, stoff-innenbefindlich ist. Der ‹Stoff›, den wir riechen, der nur im Geruch existiert, ist der ‹Ruch›, in den Extremen mal einnehmend benebelnd, mal abstoßend aufreizend.

In der Tat, diese ‹Handlungen›, die im Geruch zwischen eigenleiblicher und fremdstofflicher Befindlichkeit hin- und hergehen, zeigen wirklich Charakter, nämlich spezifische Qualitäten: in den Arten, wie sich beide Befindlichkeiten durchkreuzen. «Der Vorgang des Riechens ist ein Sich-Wehren, ein Zurückdrängen-Wollen von einströmender Substanz. [...] Es vollzieht sich ein Spiel von Willenskräften beim Riechen.»[47] Im Dunstkreis von Gerüchen, im ‹Ruch›, agiert, auf dem Felde eigenleiblicher Befindlichkeit, die Eigenwilligkeit von stofflicher Präsenz.

Die Anwesenheit von etwas Substanziellem tut sich uns im Geruch atmosphärisch kund, im Dunstkreis einer eigenwilligen Befindlichkeit, in dem wir uns riechend selbst befinden und diese Befindlichkeit als solche empfinden. Ruch ist der gerochene Stoff – ein rein phänomenaler Stoff, weder materiell noch spirituell dem Geruch hinterlegt, sondern im Geruch durch und durch sinnlich präsent.

In Goethes «Faust» gibt es schöne Beispiele solcher stofflicher, ruchbarer Präsenzen, die der Empfindliche wittern kann. So ‹riecht› Gretchen die vorangegangene Anwesenheit Mephistos in ihrer Kammer:

> «Es ist so schwül, so dumpf hier.» (2753)

Oder Mephisto über Gretchens Mutter:

> «Die Frau hat gar einen feinen Geruch,
> Schnuffelt immer im Gebetbuch,
> Und riecht's einem jeden Möbel an,
> Ob das Ding heilig ist oder profan.» (2817–20)

Und drei Damen kommentieren den phantasmagorischen Auftritt des Paris (mit Helena) im Rittersaal:

> «Zum Weihrauchdampf was duftet so gemischt,
> Das mir das Herz zum innigsten erfrischt?

---

47 Rudolf Steiner: Anthroposophie (GA 115), Vortrag vom 25.10.1909.

Fürwahr! Es dringt ein Hauch tief ins Gemüte,
Es kommt von ihm!
Es ist des Wachstums Blüte,
Im Jüngling als Ambrosia bereitet,
Und atmosphärisch ringsumher verbreitet.
(Helena hervortretend) (6472 ff.)

Geschmackssinn

Erinnern wir uns an ein Festmahl mit mehreren Gängen: zur Vorspeise eine Gemüsesuppe, als Hauptgericht Reis in Curry-Sauce mit Banane, zum Dessert Schokoladenpudding mit Vanillecreme. Indem wir diese aufgetischten Speisen verzehren, munden uns die unterschiedlichsten Geschmäcke.

Was wir schmecken wollen, müssen wir zu uns nehmen. Im Mundraum lassen wir die Speisen, in der Speichelflüssigkeit aufgelöst, ‹auf der Zunge zergehen›, d. h. wir schmecken sie, ehe sie auf dem Gang der Ernährung und Verdauung tiefer in unseren Organismus dringen und dem Bewusstsein entsinken.[48] Sie selbst schmecken, und sie schmecken uns (oder nicht, wenn etwas nicht schmeckt und wir es wieder ausstoßen wollen). Wir sind empfindend im Schmecken involviert. Auch hier, wie beim Geruch, finden wir objektiv-subjektive Korrelationen von Stoffqualitäten (Geschmäcken) und Geschmacksempfindungen (Geschmäcker), in die unser (uns schmeckendes oder nicht schmeckendes) Befinden (Behagen) einfließt; die Geschmäcke münden in die Geschmäcker; diese erschließen jene.[49] Doch ist die Korrelation nicht so affektuiert

---

48 Eine enge Verbindung gehen beim Verzehren von Speisen die Geschmacksempfindungen mit den Geruchsempfindungen und dann im Mundraum mit den Tastempfindungen ein, die sich an der Konsistenz der Nahrungsmittel entzündet: ob hart oder weich, fest oder flüssig, elastisch, schleimig, ob groß oder klein, rund oder kantig die eingenommenen Stücke sind. Diese Synästhesie bestimmt nachhaltig den Genuss.

49 Sie sprechen sich wieder in solchen Wendungen aus wie: «Die Sache hat ein Geschmäckle»; «Man muss den Sachverhalt mal auf der Zunge zergehen lassen»; «Die Sache schmeckt mir nicht».

wie beim Geruchssinn, die Zuordnung der Geschmäcke zu bestimmten Stoffen objektiver, fester, deutlicher. Ordnen wir die Geschmäcke:

faulig (fauler Apfel)
laugig, seifig (unreife Avocado)
fad, schal (Wasser)
kahl-süß (Süßstoff)
süß (Zucker)
fruchtig (Apfel)
pikant, würzig (Hefe)
herb (schwarzer Tee, Wildapfel, Eichel)
salzig (Steinsalz)
saucr (Zitrone)
bitter (Bittermandel, Löwenzahn, Chicorée)
scharf (Rettich, Senf)
feurig (feuriger Pfeffer, Peperoni, Chili)

Die Geschmäcke offenbaren sich, indem die eingenommenen Substanzen im Speichel auf-, besser: eingelöst und als feuchte Lösungen über die Schleimhäute der Mundhöhle, besonders der Zunge, ausgelegt werden, gewissermaßen Schicht um Schicht ‹aufgeleckt› werden – im Unterschied zum Riechen, bei dem die Substanzen, mit der Luft eingeatmet, durch und durch gerochen werden, eine feinst aufgestäubte Geruchswolke, die uns durchdringt, ein ‹Rauch›, der gänzlich durchrochen ist: ‹Ruch›. Der Geschmack trifft auf eine gegenüber dem Geruch ‹dichtere› Welt, gewissermaßen auf die Oberflächen von Stoffen, die er schmeckend berührt (‹leckt›). Insofern wirkt er von der eigenleiblichen Befindlichkeit etwas abgerückt, distanzierter. Doch bleibt er ihr nahe: berührend, feucht-anschmiegend.[50] Der geschmeckte ‹Stoff›, der (Ge-) Schmack, ist eine Hülle aus in Befindlichkeit eingelösten oder aufgeschlagenen (schmeckend-geleckten) ‹Oberflächen›, innerhalb welcher er empfunden wird – entsprechend dem Ruch als Wolke des gerochenen ‹Stoffs›. Im Naschen (einer heimlichen Entwendung z. B. eines Zuckerstücks aus der Zuckerdose) wird der geschmeckte Stoff aus seiner ihn bergenden Hülle herausgeholt, entführt, geradezu ‹ausgepackt›, ‹versucht›, und sein Inneres (eben sein Geschmack) ‹gekostet›.

Wir schmecken, an einer Oberfläche leckend, in den Stoff hinein wie in einen Hintergrund, von dem seine Schmeck-Wirkungen ausgehen und der uns veranlasst, ihn, den geschmeckten Stoff, als Gegenstand – oder besser: als Vorgang seines Wirkens in der physischen Umwelt – wahrzunehmen. Hier nehmen wir «nicht mehr bloß den Stoff als solchen» wahr wie beim Geruch, «sondern Wirkungen (Taten) des Stoffes»,[51] die wir auf seiner Geschmack-Oberfläche empfinden. «Es sagen uns die Dinge nicht nur, was sie sind als Stoff [insofern wir sie als Ruch gänzlich durchriechen, d. A.], sondern was sie bewirken können.»[52] Rudolf Steiner formuliert, dass der Geschmack «von der Oberfläche der Körperlichkeit gegen uns zugeneigt ist»;[53] wir können diese ‹Zuneigung› als eine Wirkung auffassen, die der Stoff durch sei-

50 Schmecken ist althochdeutsch *smecken* bzw. indoeuropäisch *smeg(h)*, möglicherweise etymologisch mit schmiegen, streicheln, schmeicheln verwandt.

51 Rudolf Steiner: Anthroposophie. Ein Fragment (1910; GA 45), Dornach 2002, S. 25 f.

52 Rudolf Steiner: Anthroposophie – Psychosophie – Pneumatosophie, a.a.O., Vortrag vom 23. Oktober 1909.

53 In: Geisteswissenschaft als Erkenntnis der Grundimpulse sozialer Gestaltung (1920; GA 199), Dornach 1985, Vortrag vom 8. August 1920.

ne chemische Affinität auf der Zunge unserer schmeckenden Sensibilität ausübt. Diese Wirkung des Stoffes geschieht nur in seiner Oberfläche, die er unserem Schmecken zuwendet; der Stoff selbst, diese Substanz, die sich in reinen Affinitäten zu anderen auslebt, bleibt als Ursache, als ein Inneres, im Hintergrund. «Das Schmecken geschieht dadurch, dass die Körper uns nur berühren und dann unsere Absonderungen sich oberflächlich mit unserem Inneren vereinigen.»[54]

Gemeinsame Charaktere von Geruchs- und Geschmackssinn

Die beiden unteren der mittleren oder Umweltsinne, der Geruchs- und der Geschmackssinn, zeigen durch den eigenleiblichen Charakter ihrer Empfindungen verwandte Züge: Die ‹Stoffe›, die durch sie empfunden werden, müssen regelrecht *einverleibt*, eingeatmet bzw. gegessen werden, also: Der Mensch muss sie zu sich nehmen. Dadurch geraten sie in das Einzugsgebiet der unteren Sinne, in den Leib. Hier erst, also eigenleiblich befindlich durchempfunden, werden sie zu den Geruchs- bzw. Geschmackswahrnehmungen, die wir in der Welt wahrnehmen (vorher, draußen, sind die vorliegenden ‹Stoffe› bloße Körper, z. B. dem Gesichtssinn gegeben). Dennoch offenbaren ihre befindlich aufgeschlossenen Qualitäten, die Gerüche und Geschmäcke, objektiv wahrnehmbare Eigenschaften der Umwelt, mit der wir so, in einverleibender Geste (der Befindlichkeitsformen), ein stoff-rezipierendes Verhältnis eingehen, wenn wir ihre Substanzen riechen oder schmecken.

---

54 Ebd.

Diese charakteristische Überschneidung von umweltlicher und eigenleiblicher Sphäre begründet, dass die Qualitäten der beiden Sinne zugleich äußerlich und innerlich charakterisiert und gleichermaßen in (objektiven) Wahrnehmungen und (subjektiven) Empfindungen beschrieben werden können.[55] So etwa für den Geruchssinn:

süßlich-schwer	anziehend, verlockend, betörend, betäubend
blumig duftig	aufschließend, erfrischend (angenehmer Wohlgeruch), flüchtig, leicht
faulig	widerwärtig, ekelerregend (abstoßender Gestank)
beißend, ätzend	stechend, verletzend

Oder für den Geschmackssinn:

laugig	flach, aushöhlend
süß	hüllt wohlig ein, tröstet, wärmt, rundet weitend ab
würzig	herzhaft, füllig, abgestimmt
sauer	‹macht lustig›, ausstrahlend, auflösend, zersetzend
scharf	verbrennt, bricht auf, schneidet
bitter	weckt, zieht zusammen, zentriert, spitzt, strikte

55 Das zeigt sich deutlich in der doppelten, transitiven und intransitiven, Verwendung beider Begriffe: Geschmack/Geruch von etwas empfinden, ich schmecke/rieche etwas *(smacken);* Geschmack/Geruch von sich geben, etwas schmeckt/riecht *(smecken).*

salzig	konsolidiert, festigt herzhaft, hält zusammen
herb	zusammenziehend, pressend rund

Beide Sinnesfelder zeigen die Polarität von anziehender und abstoßender, von rund-umhüllender und spitz-abwehrender, von zusammenziehender und ausdehnender Gebärde – von Engung und Weitung, mit der die eigenleibliche Mitempfindung in die Umräume von Geruch und Geschmack hineinspielt. Noch tiefer in den Leib gezogen, treten die Reaktionen des Lebensleibes hinzu, durch die wir z. B. Gerüche als atmungserfrischend oder erstickend empfinden bzw. Geschmäcke vor dem Hintergrund der Ernährung ‹abschmecken›: lecker, schmackhaft, bekömmlich, gesund oder geschmacklos, widerlich, ekelerregend würgend, ungesund. «Da liegt durchaus ein Weltenvorgang vor. Was da in Ihrem Organismus vorgeht, das können Sie nicht trennen von demjenigen, was sich in Ihrer Seele abspielt. [...] So können Sie nicht sagen: Was schert sich dasjenige, was auf der Zunge vorgeht, wenn Sie Essig trinken, um dasjenige, was Sie erleben! Das können Sie nicht so sagen, da herrscht ein inniger Zusammenhang. Da ist das, was objektiver Vorgang ist, eins mit dem subjektiven Vorgang.»[56] Wo die Lebensprozesse durch zu tiefe, die Erfahrungsfelder der beiden Sinne durchstoßende Einwirkung der aufgenommenen Stoffe gereizt und aufgerissen werden, brechen Erlebnisse auf, die als Lust/Unlust die Wahrnehmungen bzw. als Sucht die Empfindungen überwältigen.

56 Rudolf Steiner: Menschenwerden, Weltenseele und Weltengeist (GA 206), Vortrag vom 22. Juli 1921.

Umgekehrt schlagen die eigenleiblich-umweltlichen Befindlichkeitsformen der beiden Sinnesfelder eine Brücke von innerleiblichen Empfindungen (der unteren Sinne) zu bestimmten inneren Qualitäten der Umwelt wie ‹Gestimmtheiten› und ‹Anmutungen›, die wir etwa in einer Landschaft ‹spüren›. Diese ‹Atmosphären› sind gewissermaßen Ausverleibungen, Räume, die von eigenleiblichen Befindlichkeiten aufgeschlagen und über die Erfahrungsfelder anderer Sinne, z. B. beim Anschauen von Landschaften, gelegt werden. Genau besehen, tragen sie den Befindlichkeitscharakter, der besonders bei den beiden Übergangssinnen auffällt: Was wir in einer Landschaft an Gestimmtheiten spüren, zieht wie eine Art ‹Geruch› oder ‹Geschmack› durch ihre Erscheinungen, wir müssen sie ihr in einem symbolisierenden Erkenntnisakt ‹abschmecken›, auf sie hin ‹durchriechen›.

Die eigenleibliche Grundierung der Umgebung kann dann zusätzlich noch von rein seelischen Einfühlungen, wie etwa Stimmungen, erfüllt werden.

Der Geruchssinn und der Geschmackssinn (die in unseren alltäglichen Erlebnissen eng miteinander verflochten zusammenwirken und die, nebenbei bemerkt, im süddeutschen Dialekt auch austauschbar dieselbe Wahrnehmung meinen) grenzen an die unteren Sinne, insofern ihre Empfindungen einen diese durchstimmenden eigenleiblichen Charakter, ihre Befindlichkeitsformen, tragen (dies im Sinne von konstituierend und nicht von Synästhesie). Das tritt besonders an den Polen der (oben angelegten) Wahrnehmungsspektren in Erscheinung, was uns veranlasst, sie zu biegen, also die Sinnesqualitäten in einem Bogen anzuordnen, dessen

Schenkel auf dem Boden der unteren Sinne stehen, in dem die Befindlichkeitsformen der beiden Sinne wurzeln. An diesen Polen wirken die Eindrücke tiefer in die eigenleibliche Verfassung ein, indem sie vom Anzüglichen/Widerwärtigen, Angenehmen/Unangenehmen (Lebenssinn) bis zum warm Umhüllenden/stechend Abstoßenden (Tastsinn) reichen und schließlich bei Überreizung in Schmerz und Betäubung enden. Die Empfindungen auf dem Scheitel der Bögen erscheinen eher als objektive (subjektiv weniger berührende) Umweltqualitäten, als Wahrnehmungen des reinen Dufts und der reinen Würze. Insofern liegen sie ‹oben› auf dem Scheitel, tiefer im Bereich der mittleren Sinne, fast so objektiv wie die Farben, die Erscheinungen des nächst höheren Sinns (so dass sich leicht zwischen ihnen urteilende Synästhesien ergeben wie die ‹Geschmacksfarben› oder ‹Farbgeschmäcke›, z. B. gelb – sauer).

Geruchsbogen

duftig

säuerlich süßlich

harzig erdig

brenzlig muffig

brennend faulig

Leibesgrenze -

Schmerz Betäubung

Geschmacksbogen

würzig

salzig fruchtig

sauer süß

bitter schal

scharf laugig

feurig faulig

- -

Gesichtssinn

Schlagen wir morgens, in einem erhellten Raum erwachend, die Augen auf, sehen wir uns umgeben von einer bunten, farbigen Welt. Gerade im ersten Moment des Erwachens, noch ehe die gewohnten Vorstellungen das Bewusstsein besetzen, schweben die Farbareale, noch nicht als Oberflächenfarben an die Gegenstände geheftet, frei in unserem Gesichtsfeld. Ungebunden an räumliche Verhältnisse, erscheinen die Farben vor unserem Auge in einer flächigen Ausbreitung, lückenlos Farbe an Farbe: da ein hellgelber Fleck (Sonnenschein), umgeben von grüner Fläche (Wand), daneben ein Rotbraun (Mahagoni-Schrank), weiter ein schattiges Grau (Nische), leichtgraues Weiß (Decke), schimmerndes Hellweiß (Storen) ...

Der Seh- oder Gesichtssinn ist durch seine dominante Beteiligung an unserem Bewusstseinsleben der auffälligste und am meisten bewusste Sinn. Das Auge gilt als der Sinn par excellence, indem sein Bau und seine Funktion in ihrer ‹Durchsichtigkeit› eine urbildliche Organisation von Sinn überhaupt bilden: transparente Offenheit für die Erscheinungen, die durch das Auge in unser Bewusstsein einströmen. – Die Kehrseite dieser starken Bewusstseinsdurchdringung ist die Durchsetzung des Sehfeldes mit unserem Erkenntnisleben, das sich in ihm fest etabliert hat. Was wir nun infolgedessen zu ‹sehen› vermeinen, sind die (meist schon bekannten) Dinge in ihrer ‹mitgesehenen› Umgebung, also im gedeuteten Kontext des alltäglichen Umgangs. Die Sehwahrnehmungen sind so immer schon von visuellen Vorstellungen überzogen, die sie zu jenen Gegenständen im Raum festsetzen.

Um die reine Wahrnehmung vor das Auge zu bringen, müssen wir uns regelrecht einen Ruck geben, um von diesen vorstelligen Überformungen ‹abzusehen› und uns die methodische Intention der Einklammerung derselben vorzunehmen, also die Intention, durch diese so suspendierten Gebilde hindurch einfach und unmittelbar zu *sehen*, d. i. als ‹wahr zu nehmen› (zu gewahren), was direkt und konkret zu *sehen* ist.

Ein Beispiel: Wir sehen ein rotes Auto (wir sehen natürlich davon ab, dass der rot erscheinende Gegenstand ein ‹Auto› ist), das zum Teil im Sonnenschein, zum Teil im Schatten steht, selbstverständlich einheitlich rot – so die Vorstellung, wie wir diesen geschlossen erfassten Gegenstand sofort vergegenwärtigen. Schauen wir aber genauer hin, entdecken wir das wirkliche, objektive Phänomen: das beschattete Rot ist deutlich dunkler (dunkelrot) als das beleuchtete (hellrot) – ein scharfer Schnitt, die Licht-Schatten-Grenze, trennt unterschiedliche Farben. Diesen Unterschied ‹übersehen› wir zunächst (man nennt diese unterbewusste Angleichung ‹Farbkonstanz›) zugunsten der (aus Erfahrung gebildeten) Vorstellung eines einheitlich gefärbten Autos (das bzw. seine einheitlich farbige Oberfläche wir bei homogener Beleuchtung auch tatsächlich sehen).

Was wir sehen

Üben wir Vorstellungsenthaltung, sehen wir die über eine gewisse Erscheinungsfläche ausgebreiteten Farben, und zwar in drei Aspekten:

Farbqualität im Spektrum gleitender Übergänge von Violett über Blau, Grün, Gelb bis Rot oder Purpur, das rein phänomenologisch in einem qualitativen Farbenkreis mit polaren komplementären Farbpaaren geordnet werden kann;

Farbstärke: Intensität oder Leuchtkraft zwischen Helligkeit und Dunkelheit und ihren Empfindlichkeitsschwellen (Blendung bzw. Unsichtbarkeit);

Farbtiefe: Charakter oder Sättigung in der Skala von samtener, weicher, dumpfer Mattheit über seidiges Schimmern und Glimmen bis zu metalligem, hartem, blankem Glanz – gewissermaßen die ‹Materialität› (Eindringtiefe) der Farbe zwischen dunkelnder Absorption und aufblitzender Reflexion. Eine andere Beschreibung der Farbsättigung betont den Grad der Reinheit oder Lebhaftigkeit der Farbe, z. B. in der Reihe von milchig fahler Färbung bis prächtig-prangender oder gar ‹knalliger› Farbkraft zunehmend: Pastell – Aquarell – Wachskreide – Ölfarbe. Beide Darstellungsarten kennzeichnen den Aspekt einer gewissen Flachheit bzw. Tiefe der Farbqualität, Leere bzw. Fülle.

Man kann den Farbcharakter zwischen klarer Strahligkeit und blinder Stumpfheit als einen (phänomenologisch) offenbaren Aspekt der jede Farbe durchdringenden Prinzipien ‹Licht› und ‹Finsternis› ansehen. Deren reine, ‹immaterielle› Durchdringungsformen ergeben die polare Charakteristik der leuchtenden, strahligen ‹Glanzfarben› (Gelb, Rot und Blau) und der schattigen ‹Bildfarben› (Grün, Pfirsichblüt, Schwarz und Weiß).[57] Weiß und Schwarz (und dazwischen Grau) sind unbunte Farben, nämlich solche der Farbsättigung Null. In ihnen – die ja im qualitativen Farbspektrum nicht vorkommen, also zusätzlich

57 Rudolf Steiner: Das Wesen der Farbe (GA 291), Vortrag vom 7. Mai 1921.

zu berücksichtigen sind – treffen wir auf die sichtbaren Repräsentanten von Licht und Finsternis, insofern die polare, farberzeugende Licht-Finsternis-Durchdringung durch Mischung komplementärer Farbpaare bestimmter Intensitäten wieder rückgängig gemacht wird und so die Farben eintrüben und verschatten.

Diese drei Aspekte lassen sich bei jeder Farbwahrnehmung deutlich ein-sehen. In ihnen erscheint die Farbe (dazu ist kein physikalisches Wissen nötig). Dabei ist nichts über die ‹Realität› dessen vorausgesetzt, an dem die Farben erscheinen: ob auf Körperoberflächen, ob als Transparenzfarben durchsichtiger Medien oder ob als atmosphärische Erscheinungen wie die Farben des nicht lokalisierbaren Regenbogens, das ferne Morgenrot oder die weite Hintergrundsbläue, ja, nah und fern zugleich, das unendliche Himmelsblau oder die milchig-weiße Nebelwand. Zu den objektiv, in ihrem Sachgehalt positiv gegebenen Farben, die wir, ganz unabhängig von ihren Entstehungs- und Realitätsbedingungen (über die wir uns denkend aufklären können), wahrnehmen, gehören auch solche Erscheinungen, an deren Zustandekommen unsere Sinnesorganisation bzw. unsere sehende Tätigkeit beteiligt sind, wie die Nachfarben, die farbigen Schatten oder die Kontrastfarben. So spezifisch auch die Bedingungen sind, unter denen sie an unserem sehenden Subjekt auftreten, so eindeutig objektiv sind sie gegeben und als solche wahrnehmbar. Wiederholt sei hier zur Vergegenwärtigung der gegenstandsfreien Wahrnehmungssituation ausdrücklich, dass wir, bei stockdunkler Finsternis (die keinen physikalischen Reiz auf das Auge ausübt), auch, uns abstandslos umgebend, das Schwarz erblicken (wie die anderen unbunten Farben Weiß und Grau).

Intermezzo: Was wir nicht sehen

Die Dinge und Vorgänge unseres Gesichtsfeldes haben wir durch die tägliche Erfahrung derart mit den Resultaten unserer Erkenntnisurteile verarbeitet bzw. mit unseren Vorstellungen überformt und interpretiert, dass vieles, was wir im gewohnten Bewusstseinsleben als sichtbare Dinge ansehen, erkenntnistheoretisch streng genommen, d. h. unter seelischer Beobachtung angeschaut, nicht zu Sehwahrnehmungen gehört; denn Urteile – so unmittelbar, ohne bemerkten Akt, sie sich auch für gewöhnlich mit den Wahrnehmungen einstellen mögen – sind keine Sinneswahrnehmungen. Aber es ist schwer, diese spontanen Amalgame unseres Bewusstseins, die scheinbar ‹sichtbaren Dinge›, zu entlarven und als Artefakte von Denkbestimmungen aufzuklären. Wir wollen im folgenden Abschnitt einige aufzählen und erkenntnistheoretisch kurz charakterisieren, um unser Bewusstsein zu reinigen und für die unmittelbare Sehwahrnehmung freizuräumen, deren rein-sinnliche Erscheinung dadurch umso reiner ein-gesehen werden kann.

Wir sehen nicht die alltäglich gegebenen *Dinge* wie Stuhl, Tisch, Haus, Baum, geschweige denn die wissenschaftlichen *Objekte* wie Festkörper, Atom, Gen oder Galaxie. Diese kennen wir nur durch sinnvollen Umgang, durch begriffliche Bestimmung.

Wir sehen nicht die räumliche *Körperlichkeit* der Dinge, nicht die *Perspektive*, in der die Körper stehen (auch wo wir deren begriffliche Bedeutung oder Funktion ausklammern).

Denn die Tiefendimension, die dritte Dimension des Raumes (gegenüber der flächigen Ausbreitung der Farberscheinungen) ist keine gegebene Wahrnehmung oder spontane Anschauung, sondern eine Dimension der intendierten Raumergreifung durch Schritte in den Raum oder wiederholtes Anlegen von Maßstäben, durch Akkommodation bei scharfem Fixieren von Gegenständen, durch Parallaxe oder andere rechnerische Messprozesse aufgrund theoretischer Vorstellungen. Schlicht beobachtbar ist dieser Sachverhalt am Beispiel des Neckerschen Würfels, über dessen unterschiedlich perspektivische Ansichten wir frei verfügen können, indem wir sie in willentlicher Intention zum ‹Kippen› bringen; sie sind also keine gegebene Wahrnehmung. Viele sogenannte optische Täuschungen sind Täuschungen dessen, was überhaupt getäuscht werden kann, nämlich unseres Vorstellens perspektivischer Verhältnisse. Wahrnehmungen als reine Gegebenheiten bieten keine Spielräume, die getäuscht werden könnten.

Wir sehen keine *Bewegungen* im Raum. Denn ‹Bewegung› erkennen wir in einem zeitübergreifenden Akt der Synthese von Beobachtungen an dem identifizierten Bewegten, das seine Lage vor einem Hintergrund stetig ändert. Zum Beispiel folgen wir einem Vogelflug: Grundlegende Voraussetzung ist die ‹Definition›, die Identifikation des (bewegten) Vogels (einer Vogelsilhouette) vor dem (ruhenden) Hintergrund. Diese prinzipielle Unterscheidung – eine (meist vorbegriffliche, die pure Form erfassende) Gestaltbestimmung innerhalb eines Umfeldes – halten wir über den ganzen Bewegungsverlauf gewissermaßen denkend intentional fest. Doch muss sie nun während des Bewegungsvorgangs, den wir verfolgen, in der jeweils veränderten Situation, in welcher die einmal vorgenommene Gestaltbestimmung nicht mehr stimmt, also nicht mehr möglich ist, immer wieder neu konkretisiert werden – das heißt in einen Rhythmus permanenter Gestaltauflösung und Gestaltbildung versetzt werden. Entscheidend ist, dass wir diese ständige Gestaltumbildung in einem als ruhend betrachteten Umfeld als die *Bewegung* des permanent denkend vollzogenen Gestaltumbildeprozesses erkennen.[58] Das ist deshalb kein ‹Film› diskontinuierlich springender fixer Bilder, weil der immer wieder neu vollzogene Gestaltbildevorgang nie in feste, bleibende Gestalten (Bilder) ausläuft (und so als Bewegung zuende käme), sondern, diese jeweils in einem status nascendi passierend, in ständiger Bildebewegung gehalten bleibt: durch die jeweilig entstehende Gestalt hindurchschlüpfend in eine nächste. Erkenntnistheoretisch gesprochen könnte man sagen: Der Begriff, der die Gestalt bestimmt, bleibt in Bewegung, flüssig, offen für eine je neue, metamorphosierte gestaltbestimmende Anwendung in veränderter Situation. Diese im Denken verlaufende *Bewegung* in den Metamorphosen möglicher Gestalten erleben wir im Grunde genommen beim Verfolgen äußerer Bewegungen. Ihr immanenter Zusammenhang bildet den Grund für den Eindruck einer stetig gleitenden Bewegung. Mithilfe derartig ‹beweglicher Begriffe› erfassen wir die kontinuierliche Bewegung. Bewegung ist also eine übersinnliche Denk-Erfahrung, deren wir uns allerdings für gewöhnlich nicht als solche im Denkvollzug bewusst sind, sondern nur im sinnlichen Spiegel laufend veränderter Situationen, in welche der ‹bewegliche Begriff› metamorphosierend einläuft, besser: welche er durchläuft (eben nicht fix einschnappt). — Auch

58 Ortsbewegung ist ein Spezialfall der Metamorphose des Denkens.

der Bewegungssinn nimmt nicht Bewegungen im Außenraum wahr, da er als Eigenbewegungssinn ein Sinn für eigenleibliche Bewegungen ist, die vorräumlich innerleiblich in den Freiheitsgraden des beweglich gegliederten Leibes empfunden werden, nicht in stetigen Bahnen im Raum. Insbesondere vermitteln die Bewegungen des Augapfels, mit denen wir einem ‹bewegten› Objekt im Raum folgen (schon das ist eine intentionale Tätigkeit), keine Bewegungswahrnehmung; solche räumlichen Bewegungsvorstellungen kommen erst durch urteilende Anwendung der innerleiblichen Empfindungen der Augenmuskelbewegungen auf äußere, visuelle Veränderungen zustande. Selbst einen solch immateriellen Bewegungsvorgang wie das Schrumpfen des Helligkeitsraumes im Umkreis einer verlöschenden Lichtquelle verfolgen wir mit intentionalen Vorgaben, durch die wir die sichtbaren in der Zeit sich verändernden Helligkeitsverhältnisse ohne jede leibliche Mitbewegung einschätzen.

Wir sehen nicht die *Gestalt* der Dinge. Denn Gestalt oder Form, selbst die zweidimensionale Figur auf einem Blatt Papier, ist ein Gebilde unserer Vorstellung, das wir unter Vorgabe bestimmter Charakteristika aus dadurch definierten Elementen wie Kanten oder Linien (als nichtsinnliche Grenzlinien unterschiedlicher Farbflächen) aufbauen. Dessen werden wir gut an den bekannten Such- oder den Vexierbildern gewahr (wie z. B. dem Schattenbild, das, je nach Intention, zwischen dem Umriss eines Kelchs und dem Doppelprofil eines Menschenantlitzes changiert); die Intention, dieses oder jenes Gebilde ‹sehen› zu wollen, zeigt das freie Spiel der vorstellenden Einbildungskraft, die ein geschlossenes Gebilde vor einen Hintergrund stellt – wobei wir beobachten können, wie beim Changieren

Gebilde und Hintergrund ihre Funktionen und Plätze vertauschen. Wer die Form als einen wahrnehmbaren Inhalt des Bewegungssinnes, nämlich als ein Resultat von Kanten abtastenden Handbewegungen, ansieht, ignoriert, dass der Eigenbewegungssinn (wie oben ausgeführt) für äußere, räumliche Kanten ablaufende Bewegungen gar nicht zuständig ist. Zudem wäre das Wesentliche, nämlich die Integration der Bewegungsabläufe entlang der Kanten zur ganzheitlichen Gestalt, noch gar nicht berührt. Dasselbe gilt für eine angebliche Form-Wahrnehmung durch die Bewegung der Augäpfel, wenn der Blick eine Form abläuft (was unsinnigerweise Form durch Form erklärt). An dieser Stelle sei nur angemerkt, dass die Form auch bei fixiertem, also unbewegtem Auge im Gesichtsfeld ‹gesehen› werden kann, nämlich durch den von der leiblichen Augenbewegung unabhängigen, frei bewegten Blick auf das Vorliegende, den allerdings, wie gesehen, eine bestimmte gestaltaufbauende Intention führt. – Das schlagartige, scheinbar spontane Auftreten von (einfachen) Formgebilden spricht nicht gegen ihren (unbemerkten) inneren Aufbau durch (rasche) Vorstellungsprozesse. Die allmähliche Entwicklung des ‹Gestalt-Sehens› bei Kleinkindern oder bei operierten Blindgeborenen weist auf einen vorausgehenden Bildevorgang.[59] Es ist von erkenntniswissenschaftlich großer Bedeutung, Gestalt und Bewegung als übersinnliche Inhalte (an) zu erkennen.[60]

59 Die Hypothese, der Sprach- oder Gebärdensinn wäre der ‹Gestaltsinn›, dem Gestalt oder Form als Wahrnehmung vorläge, ist unhaltbar, da sie Form und Gebärde vermengt; nur weil beide im Raum zum Ausdruck kommen, sagen sie deshalb inhaltlich nicht dasselbe.

60 Siehe die gewissenhaften Analysen von Herbert Witzenmann, z. B. in: Sinn und Sein. Der gemeinsame Ursprung von Gestalt und Bewegung, Stuttgart 1989.

Schon die *Farbdynamik* wie die sogenannte Farbperspektive – das in den Vordergrund strahlende Gelb oder das in den Hintergrund sich entziehende Blau – beruht auf den Eindrücken einer in den Farbqualitäten mittätigen Sensibilität, die das rein sinnlich Gegebene übersteigt. So ist das Goethesche Urphänomen der Farbentstehung auch ein sinnlich-übersinnlicher Sachverhalt. In diesen Bereich gesteigerter Aktivität, die seelisch-geistige Zusammenhänge in sinnliche Verhältnisse hereinträgt, gehören auch die synästhetischen Beziehungen, in denen Qualitäten verschiedener Sinnesmodalitäten durch Urteile (ästhetische Geschmacksurteile) zusammengeschaut werden (wie z. B. gelb – sauer, rot – warm), oder die atmosphärischen Stimmungswerte bzw. die sinnlich-sittlichen Wirkungen von Farben.

Wahrnehmbares Farb-Wesen

Allen Farberscheinungen gemeinsam ist die flächige Ausbreitung, mit der sie auftreten, wobei die räumliche Entfernung dieser Erscheinungsfläche unbestimmt ist. Sowohl Abstand als auch, wie bei durchsichtigem Medium, Tiefe gehören nicht zur wahrnehmbaren Erscheinung. Gleichwohl ist die gegenüberliegende, insofern ‹abständige› Erscheinungsebene für die Farbwahrnehmung charakteristisch. Darin kommt ein gegenüber den Geruchs- oder Geschmacksempfindungen weiteres Herausrücken der Farbwahrnehmung aus dem (eigenleiblichen) Bereich der Befindlichkeiten zum Ausdruck (nur im Extremfall von grell-schrillen Pop-Farben wird dieser Bereich noch berührt und attackiert). Im Sehen sind wir stärker den Erscheinungen der Umwelt zugewandt. Die befindlichkeitsgetragenen Empfindungen treten gegenüber den objektiven Qualitäten, die in den Wahrnehmungen offenbar werden, zurück.

Das Besondere der Farberscheinung ist die wunderbare Ausgewogenheit, die volle Entsprechung von Wahrnehmung und Empfindung: die Empfindung ‹Röte›, das Innesein des Roten, entspricht gänzlich der Wahrnehmung ‹Rot›, dem Sinnesdatum. Wir empfinden genau und nur das, was wir wahrnehmen: die Farbe, rein in und aus ihr selbst; die Röte erschließt das Rote und ist es (deckungsgleich).

So in die offenbare Wahrnehmung freigegeben, wird die Empfindung fähig, die spezifische Qualität in ihrer eigenen, objektiven Innerlichkeit aufzunehmen, aufzuschließen und wahrzunehmen. Die Farbe ist diese unmittelbar erscheinende qualifizierende Innerlichkeit (das Quale). Sie leuchtet, strahlt, scheint aus und in ihr selbst. Dieses innerliche Moment ist es gerade, was die Farbe ausmacht. «Man lebt mit der Farbe ihr Innerliches mit.»[61] Das ist der Fall, weil die innerlich regsame Empfindung von der äußerlich gegebenen Wahrnehmung gänzlich erfüllt wird und so die Farbe äußerlich-innerlich erfährt. Dieses Innerliche scheint auf der Erscheinungsoberfläche des Farbigen auf. Es ist das Innere des Farbigen, das Wesen des Farbigen, *wie* es in der Farbe selbst erscheint: «Dass es [‹etwas äußeres Stoffliches›] in einer bestimmten Weise Licht durchlässt, zeigt sich daran, ob und wie es gefärbt ist. Ein Ding, welches das grüne Licht durchstrahlen lässt, zeigt damit, dass es eben gerade innerlich so ist, dass es dieses Licht durchstrahlen lassen kann. [...] Beim Gesichtssinn haben wir etwas sehr Eigentümliches. Wenn wir mit dem Auge zum

61 Rudolf Steiner: Kunst und Kunsterkenntnis (GA 271), Vortrag vom 1. Juni 1918.

Beispiel die Rose rot sehen, so kündigt sich ihr Inneres durch die Oberfläche an. Wir sehen nur die Oberfläche, und weil sie bedingt ist durch das Innere, lernen wir durch sie dieses Innere bis zu einem gewissen Grade kennen.»[62]

Der Erscheinungsgrund der Farbe offenbart sich in der Erscheinung der Farbe selbst: wie das Farbige in seiner inneren *Luzidität* «Licht durchlässt». Und je nachdem, wie der Charakter der Luzidität ist, erscheint diese oder jene Farbe. So sehen wir im Gelb das gedämpfte Licht, im Blau die aufgehellte Finsternis. Wir sehen in der spezifischen Farbqualität den inneren je besonderen luziden Entstehungsvorgang. Das genau sehen wir, wenn wir Farben (qualitativ und nicht nur konstatierend) sehen. Gelb *ist* das Aufscheinen von Licht durch trübendes Medium, Blau das Aufscheinen von Finsternis durch aufgehellte Trübe. Das Sehen der Farbe auf der Oberfläche (Erscheinungsfläche) sieht zugleich durch diese hindurch in die Tiefendimension ihrer hervorscheinenden Gegebenheitsweise. Diese Tiefendimension ist das «Innere bis zu einem gewissen Grade».

Farbe, als erscheinend geschöpft innerhalb ihres Erscheinens, das ist die Farb-Wahrnehmung. Ihr Entstehungsvorgang in der Tiefendimension von Licht und Finsternis – der freilich als *Vorgang* nur durch eine geistig mitvollziehende Tätigkeit übersinnlich angeschaut werden kann und bewusst wird – erscheint in der ruhig-regen sinnlich wahrnehmbaren, durchempfundenen *Qualität* geborgen und gestillt.

62 Rudolf Steiner: Anthroposophie (GA 115), Vortrag vom 23. Oktober 1909.

Wärmesinn

Wir befinden uns in einer temperierten Werkstatt, wo wir die verschiedensten Materialien berühren oder in die Hand nehmen: Styropor, Lappen, Leder, Pappe, Holz, Keramik, Resopal, Glas, Blech, Stahlblock. Obwohl wir wissen, dass alle Stoffe, da sie immer schon in der Werkstatt liegen, dieselbe Temperatur haben, nämlich die unmerkliche der Werkstattluft, fühlen sie sich dennoch verschieden warm oder kalt an: in der angeführten Reihenfolge zunehmend kälter.

Wir tauchen, so die Beobachtung, bei Berührung verschiedener Stoffgruppen in das unterschiedliche Wärmeverhalten, in verschiedene Wärmezustände und damit in ein Qualitativ-Inneres der Dinge ein. Dieses Warm-Innere erschließt sich der Wärmewahrnehmung, die durch eine ganz andere Art der leiblichen Berührung mit der Oberfläche eines Körpers zustande kommt als bei der Tastberührung: durch ein leichtes, ruhiges Handauflegen gegenüber einem bewegten Drücken oder Streichen beim Tasten.

Indem wir uns auf die Wärmeverhältnisse einlassen, müssen wir uns entscheiden, wohin wir unsere Aufmerksamkeit lenken wollen. Denn es gibt zwei Wärmewelten, die sich dadurch unterscheiden, dass wir uns ihnen auf verschiedenen Erfahrungswegen nähern: die Wärmezustände unseres inneren, eigenleiblichen Wärmeorganismus und die der Gegenstände unserer Umwelt. Die ersten spüren wir an uns selbst, d. h. am eigenen Leib, in dem wir uns mit den Wahrnehmungen der unteren Sinne als leibliche Wesen befinden: Wir fühlen uns kalt oder warm, ausgekühlt, fröstelnd, schuddrig oder fiebrig, ohne durch eine Selbstberührung davon erfahren zu müssen. Wir wenden uns zunächst diesen Erlebnissen zu mit der Frage, ob mit ihnen Wahrnehmungen des Wärmesinns vorliegen.

Wärmung

Die Wärme (bzw. Kälte) am eigenen Leib, die Eigenwärme, erleben wir als einen Lebensvorgang, als den der Wärmung. «Der Mensch ist zum Bestande seines Leibeslebens darauf angewiesen, einen ganz bestimmten Wärmegrad in seinem Leibesinnern zu entwickeln, der nicht von Vorgängen abhängt, welche die Wärme seiner Umgebung bestimmen, sondern von solchen, welche in seinem Innern stattfinden und da die Eigenwärme innerhalb bestimmter Grenzen halten, wie auch die äußere Wärme sich gestalten mag.»[63] Rudolf Steiner unterscheidet die ‹inneren Erlebnisse›, die sich an einen Lebensvorgang anschließen und in denen wir uns desselben inne sind, als instinktive ‹Gefühlserlebnisse› von den Erfahrungen, die wir mit den Sinneswahrnehmungen haben. Erst dann, wenn die Wirksamkeit der Lebensvorgänge in die Gesamtverfassung des Lebensorganismus einmündet, zeigen sich deren Folgen im Wohl- oder Unbehagen als Wahrnehmungen des Lebenssinns. Die ‹Gefühlserlebnisse› begleiten die Lebensvorgänge für gewöhnlich in unauffälliger Weise und treten erst durch Störungen derselben so recht ins Bewusstsein. «Eine Störung des Wärmezustandes gibt sich in Frostgefühl oder Erhitzung kund.»[64] Extreme Lebenszustände

63 Rudolf Steiner: Anthroposophie. Ein Fragment (GA 45), S. 43.

64 Ebd., S. 45.

des Wärmeorganismus erleben wir bei Schüttelfrost oder Fieber, zerstörerische bei Unterkühlung oder Überhitzung (Hitzeschlag), bei Erfrierungen oder Verbrennungen.

Der Wärmevorgänge (Wärmung) in unserem Lebensorganismus werden wir also durch «innere gefühlsartige Erlebnisse» inne, *nicht* durch Sinneswahrnehmungen des Wärmesinns. Rudolf Steiner bemüht sich diesen Unterschied genau zu beobachten.[65] Er spricht im Gegensatz zu den Sinneswahrnehmungen, die vor dem Ich-Menschen stehen, bei dem Gewahrwerden der Lebensvorgänge von «instinktiven inneren Erlebnissen», von «Lebensinstinkten» (wie z. B. vom «Wärmewohlbehagen» im Unterschied zum allgemeinen Wohlbehagen des Lebenssinns). Sie bilden den «astralischen Menschen».[66]

Der gekennzeichneten Unterscheidung liegt der schlichte Sachverhalt zugrunde: «Die Lebensorgane selbst sind keine Wahrnehmungsorgane»,[67] deren Vorgänge nicht sinnenfällig wahrnehmbar. Zu ihnen haben wir ein instinktartiges, affektives Verhältnis. Kalte Füße oder heiße Stirn lassen uns daher nicht ‹kalt›. Freilich können wir sie durch einen Blickwechsel auch von uns distanziert konstatieren: durch Handkontakt. Dann liegen sie uns wie äußere Objekte vor, sie sind der inneren, instinktartigen Vergegenwärtigung des Wärmeorganismus entzogen und der äußeren Wahrnehmung durch den Wärmesinn zugänglich. Diese ruhige Wahrnehmung ist ganz anderer Art als jenes eher beunruhigende

65 Ebd., S. 47.
66 Ebd., S. 48.
67 Ebd., S. 53.

innere Wärmegefühl. ‹Kalt empfinden› ist eben etwas ganz anderes als ‹Frieren›.

Auch die Erfahrung des ‹kalten Gesichts› im frostigen Wind ist zunächst eine objektive Wahrnehmung auf seiner Hautoberfläche, nämlich der kalten Luft, die dem Menschen entgegenschlägt – die aber auf die Dauer seine Haut so auskühlen kann, dass sie wie eine gegenüber der nach innen (in den Brustteil als zentralem Wärmesinnesorgan[68]) zurückverlagerten Eigenwärme ausgeschiedene, entfremdete kalte Schicht wahrgenommen und schließlich in der frostigen Spannung in ihr auch für den Tastsinn ‹beißend› spürbar wird (erst im Fall der Unterkühlung ist der Wärmorganismus betroffen, was uns gefühlsartig affiziert).

Wärmewahrnehmung

Gegenüber den inneren Gefühlserlebnissen sind die Wärme/Kälte-Phänomene von physischen Gegenständen, indem wir sie mit dem Wärmesinn berühren, deutliche sinnliche Wahrnehmungen, positiv gegebene Qualitäten der physischen Welt. Ihre Skala umspannt: *eiskalt – kalt – kühl – lau – warm – heiß*. An seinen beiden Enden, bei übermäßigen Graden von Frost bzw. Hitze, schließen sich, allerdings außerhalb des Wahrnehmungsbereichs, die brennenden, beißenden Erlebnisse der Schmerzgrenze an, die mit Erfrierung bzw. Verbrennung Verletzungen des Lebensorganismus signalisieren.[69]

---

68 Siehe Rudolf Steiner: Das Rätsel des Menschen (GA 170), Vortrag vom 2. September 1916.

69 Siehe die guten Beobachtungen von Martin Basfeld in: Wärme: Ur-Materie und Ich-Leib, Stuttgart 1998, S. 102 ff.

Da wir durch unseren Wärmeorganismus selbst warm sind, stehen die Wärmewahrnehmungen immer in einem Verhältnis zu diesem.[70] Er bzw. seine Glieder bilden gewissermaßen den Bezugspunkt für die Wärmewahrnehmungen in der Umwelt. Wir empfinden Wärme und Kälte der Dinge relativ zu diesem Ausgangsniveau. Deutlich wird das durch den klassischen Drei-Schalen-Versuch: Tauchen wir unsere Hände, deren linke zuvor eine Weile in einem kalten und die rechte in einem heißen Wasserbad gelegen haben, in eine dritte Schale mit lauwarmem Wasser, dann empfinden wir dieses mit der linken als warm, mit der rechten als kalt – also dasselbe Medium gegensätzlich als warm und kalt. Derart überrascht, mag man fragen: In welchem Wärmezustand ist nun das Wasser? Werden wir getäuscht aufgrund der subjektiven Vorgeschichte der Hände? – Doch Wahrnehmungen täuschen nicht! Was also nehmen wir hier wahr?

Die Erfahrungen am obigen Versuch zeigen, dass der Wärmesinn kein ‹Temperatursinn› ist, der unabhängig von der Vorgeschichte wie ein Thermometer eindeutige Temperaturen misst. Das wird schon im alltäglichen Umgang mit den verschiedenen Materialien, wie im Vorspann angeführt, deutlich: physikalisch von derselben Temperatur, fassen sie sich doch verschieden kalt oder warm an. Und dies bei derselben Ausgangslage einer gleich warmen Hand, mit der wir sie nacheinander kurz berühren.

Das zeigt, wie wenig der ‹subjektive› Rückbezug der Wärmewahrnehmung auf unseren Wärmeorganismus als Referenzpunkt Einfluss auf die eigentliche Wärmewahrnehmung,

70 Die Eigenwärme ist die Referenz des Wärmesinns.

auf deren objektiven Inhalt nimmt. Er setzt einfach nur das Ausgangsniveau, von dem aus die Wahrnehmung eines bestimmten Wärmegehalts vollzogen wird.[71] Offensichtlich beruht die Wärmewahrnehmung auf dem Wärmeunterschied zwischen Hand und Gegenstand nur im Sinne einer Wahrnehmungsbedingung, nämlich des Vorhandenseins eines Wärme-Sinnesorgans bestimmter Eigenwärme; inhaltlich primär besteht sie aber in der Wahrnehmung des objektiven Wärmegehalts, der vom Gegenstand ausgeht und der, je nach dessen Stoffcharakter mehr oder weniger stark, auf die Hand übergeht. Diese Fähigkeit, Wärme oder Kälte in verschiedenen Graden (Stärken) auf die Hand zu übertragen, ist eine spezifische Materialeigenschaft, in die wir, Wärme oder Kälte wahrnehmend, eintauchen (physikalisch wird sie mit der Wärmekapazität und Wärmeleitfähigkeit definiert).

Das Wahrnehmen strömt mit dem Wärmefluss zwischen Gegenstand und Hand, in welchem die Wärme bzw. Kälte des Gegenstands auf die ‹empfindende› Hand übergeht: Den Gegenstand empfinden wir als warm – wir sagen zu Recht: er *ist* warm –, wenn wir seine Wärme über die berührende Hautoberfläche in unsere Hand einströmen fühlen, als kalt, wenn er Wärme abzieht. Das Empfinden einströmender

71 Das zeigt wiederum der Drei-Schalen-Versuch: Auch da, wo die beiden Hände als verschieden temperierte Referenzorgane verschiedene Wärmegrade empfinden, nehmen wir dasselbe Wärmewesen (im Wasser der mittleren Schale) objektiv wahr. Diese eigentliche, objektive Wärmewahrnehmung haben wir, durch die unterschiedlich erscheinenden referenzabhängigen Empfindungen hindurch. Sie ist eindeutig, objektiv gegeben und besteht in dem spezifischen Wärme-Wallen, in dem spezifischen Wärme-Gebaren des Gegenstandes (spezifische Wärmekapazität und Wärmeleitungsfähigkeit der Substanz vergegenständlichen dies physikalisch). Es ist also eine Sinneswahrnehmung durch die Sinnesempfindung (Wärme-Einwirkung: ‹warm›, ‹kalt›) hindurch.

Wärme (bzw. Kälte) bei der Wärmewahrnehmung kann auch als ein ausströmendes Wahrnehmen in den warmen Gegenstand erlebt werden: Wir dringen durch seine uns entgegenströmende Wärme in sein inneres Wärmewesen, in sein spezifisches Wärmeverhalten, wie er Wärme in seiner Stoffnatur (ent)hält bzw. strömen oder strahlen lässt. Seine Wärme oder Kälte wahrnehmend, dringen wir also ins Innere des warmen bzw. kalten physischen Gegenstands.

Wärmetiefe

Wo der Gesichtssinn in der Wahrnehmung der Oberflächenerscheinung der Farbe deren inneren Entstehungsvorgang als qualitativen Farb-Erstrahlungsvorgang mitempfindet, taucht der Wärmesinn, die ebenso oberflächige Wärmeberührung durchdringend, nun tiefer in das Innere des Warmen oder Kalten. Man könnte – in einem noch weiterreichenden Sinne als bei der ‹Farbtiefe› – von einer gegenstandsspezifischen ‹Wärmetiefe› sprechen. Rudolf Steiner beschreibt diese größere Eindringtiefe der Wärmewahrnehmung in das Innere des Warmen folgendermaßen: «Die Farbe gibt sich als Oberfläche eines Körpers kund.[72] Aber man kann sagen, wie da der Körper in seiner Oberfläche sich offenbart, das ist ein Zutagetreten seiner inneren Wesenheit durch das Mittel des Lichtes. Noch tiefer, gewissermaßen unter die Oberfläche der Körper, dringt der Wärmesinn. Befühlt man ein Stück Eis oder einen warmen Gegenstand, dann ist man sich darüber klar, dass die Kälte oder die Wärme etwas sind, was nicht

72 Ob warm oder kalt empfunden (Sinnes-Empfindung) – wir nehmen immer ein spezifisches Wärme-(Kälte-)Verhalten des Gegenstandes wahr (Sinneswahrnehmung).

nur an der Oberfläche nach außen erscheint wie die Farbe, sondern was den Körper ganz durchdringt.»[73] Oder an einer anderen Stelle: «Das, was Sie durch den Sehsinn, durch den Gesichtssinn wahrnehmen, bleibt Ihnen doch noch fremder, als was Sie durch den Wärmesinn wahrnehmen. Durch den Wärmesinn treten Sie eigentlich schon in ein sehr intimes Verhältnis zu der Außenwelt. Ob man einen Gegenstand als warm oder kalt empfindet, das erlebt man stark mit, und man erlebt es mit dem Gegenstande mit. Die Süßigkeit des Zuckers zum Beispiel erlebt man weniger mit dem Gegenstande mit. Denn schließlich kommt es Ihnen beim Zucker auf das an, was er durch Ihren Geschmack erst wird, weniger auf das, was da draußen ist. Beim Wärmesinn können Sie das nicht mehr unterscheiden. Da erleben Sie schon das Innere dessen, was Sie wahrnehmen, stark mit.»[74]

Vom Wärmestrom aufgenommen, dringen wir, ihm entgegen, durch und durch ins Innere des Gegenstandes, dem er entströmt. Diese beiden polaren Gegenströme sind für die Wärmesinn-Wahrnehmung keine räumlich verschiedenen, nicht einmal zu trennenden Vorgänge, sondern bilden *einen* Vorgang, der ein Inneres in der Welt aufschließt: das noch unbestimmt Innere des pur Warmen, das sich nur in der Art und Weise spezifiziert, wie die Wärme – wahrgenommen durch den Wärmesinn, der im ganzen Wärmeorganismus wurzelt (nicht dasselbe ist) – in ihm strömt, wallt.

Wo die wahrgenommene Farbe auf Oberflächen dadurch erscheint, dass in ihr sichtbar wird, wie etwas «in einer be-

73 Rudolf Steiner: Anthroposophie. Ein Fragment (GA 45), S. 27.

74 Rudolf Steiner: Das Rätsel des Menschen (GA 170), Vortrag vom 12. August 1916.

stimmten Weise Licht durchlässt»[75], so zeigt die wahrgenommene Wärme eine die Körpersubstanz ganz durchdringende Qualität. Was bei der Farbe die in der Erscheinungsoberfläche spielende Durchlässigkeit (Transparenz) von Licht, die Luzidität, ist, das ist bei der Wärme die *Durchgängigkeit*, die den Körper durchströmende Wärme-Transfluenz. «Bei der Farbe haben wir bloß das, was sich an der Oberfläche abspielt. Eis hingegen ist durch und durch kalt, und auch beim heißen Stahl geht die Wärme durch den ganzen Körper. Bei Wärme und Kälte haben wir also eine noch intimere Bekanntschaft mit der Natur der Dinge als beim Gesichtssinn, der uns nur über die Oberflächenbeschaffenheit [mit ihrer Tiefendimension der transparenten, durchscheinenden Farbentstehung (Gegebenheitsweise)] aufklärt. Der Wärmesinn greift intimer in die Untergründe der Dinge.»[76]

Wahrnehmbares Wärme-Wesen

Diese «Natur», diese «Untergründe der Dinge», die wir in der Wärmewahrnehmung intim erkunden, berühren wir in einer eigenartig wesenhaften Weise. Wir begegnen in der Wärme dem Durchdringungsraum, der Daseinssphäre eines zunächst nur sehr allgemein anmutenden ‹Wesens›, das sich im Dasein von etwas, eben des im Warmen oder im Kalten spezifisch Präsenten, bekundet, das uns in der Wärme umfasst und in der Kälte abweist: Das Warme öffnet, umschließt uns, nimmt uns (als Wärmewesen) auf; das Kalte schließt ab, grenzt aus, verweigert sich, stellt sich gegen uns (als Wärmewesen). Auch wo in der Kälte-Geste das Eindringen verweigert wird,

75 Rudolf Steiner: Anthroposophie (GA 115), Vortrag vom 23. Oktober 1909.
76 Ebd.

liegt ein Durchdringungs-, ein Durchgängigkeitsphänomen vor, das zu jeder Wärmewahrnehmung gehört, nämlich ein unzugänglich-befremdendes, ein durch und durch ‹kaltes›. Die Wärme öffnet, weitet, sie ist ‹weich› und ‹rund›, materialiter ‹hölzern›; die Kälte engt ein, sie ist ‹hart› und ‹spitz›, materialiter ‹stählern›.[77]

Man hat das Gefühl, dass in der Wärme bzw. Kälte ein Inneres (Wesen) ganz entäußert, eben physisch, auftritt; dass im äußeren Raum ganz allgemein ein inneres Wesen flutet – und zwar ‹warm›: in positiver Zuwendung, ‹kalt›: in negativer Abwendung.[78] Diese Gesten des Wärmewesens sprechen davon, wie etwas innerlich ‹warm› anwesend da ist oder ‹kalt› abwesend (und damit auch abweisend) da ist. Ja, das Warme ist das ausströmend-hingebungsvolle Innere, das Kalte das zurückzuckende, in sich gebannte, zusammengezogene Innere, das um sich her nur das leere Äußere zurücklässt, indem es, sich entziehend, Wärme absaugt. Das Wärmewesen ist ein Wesen in der physischen Welt, daher der sinnlichen Wahrnehmung zugänglich.

Die Wärmewahrnehmung auf der Grundlage, dem Referenzpunkt der Eigenwärme, ist Ausdruck einer Begegnung, die wir als Wärmewesen mit einem anderen Wärmewesen in der physischen Welt eingehen. Das Innere desselben erscheint zwar noch ziemlich allgemein und einfach – verglichen mit dem qualitativ konfigurierten Innenwesen, das mit dem Ton, dem Klang für den Hörsinn aufklingt. Die Formen, in denen

77 Umgangssprachlich kennt man die Ausdrücke: ‹ein warmer Mensch› oder ‹mit kalter Schulter›.

78 Konkreter treten Innenwesen in der Außenwelt für die sogenannten oberen oder Sozialsinne auf; da kommt es ausgesprochenermaßen zu Begegnungen mit anderen Wesen.

uns die Wärmewesen sinnlich begegnen, können mithilfe der übersinnlichen Beobachtung explizit als «Imaginationen, tingiert mit seelisch Affizierendem» beschrieben werden.[79] Es ist ein innerliches Weben, das uns in der Wärme seelisch affiziert, aber als allgemeines, diffuses Wärmeweben unser Empfinden nur tingierend. «Da findet unmittelbar eine Mitteilung des äußeren Wärmevorganges an den Menschen statt. Der äußere Vorgang setzt sich im Innenerlebnis fort. Es ist mehr als bloß bildlich gesprochen, wenn man sagt, das Wärmeerlebnis ist ein im Inneren wiedererzeugter äußerer Vorgang.»[80] So kommt es in der Wärmewahrnehmung zum impliziten Austausch von Wärme-Wesen in der physischen Welt.

Das wahrnehmende Ich ist in seinem Eigenwärme-Organismus (diesen im Lebensvorgang ‹Wärmung› erlebend) da und blickt auf das Wärmewesen eines Gegenstandes (Substanz). Wärme: Da ist ein inneres Wesen in der Welt, ohne ein ‹Dort› im Raum, ohne ein körperliches Volumen, ohne eine Strömung.

---

79 Rudolf Steiner: Geisteswissenschaft als Erkenntnis der Grundimpulse sozialer Gestaltung (GA 199), Vortrag vom 8. August 1920.

80 Rudolf Steiner: Anthroposophie. Ein Fragment (GA 45), S. 154.

Die oberen Sinne

Tonsinn

Die Tür quietscht trocken reibend und fällt mechanisch klackend ins Schloss. Laut hallen die harten Schritte von den Korridorwänden wider. Mit dem Öffnen der Haustür brandet dröhnendes Verkehrsrauschen und feiner, geschäftiger Vogelgesang heran. Ein Hund bellt stoßweiße. Von irgendwoher weht gedämpftes Radiogedudel. Mit einem dumpfen Einrasten öffnet sich die Verriegelung der Autotüren. Die Fahrertür schnappt satt zu, im Innern des Autos Stille.

Unsere Ohren sind, während wir wachen, immer offen; es gibt keinen Moment im Alltag, in dem sie uns nicht an den Geräuschen und Klängen unserer Umwelt teilhaben lassen. Doch, was hören wir – streng genommen – rein sinnlich wirklich? Hören wir ‹Musik›? Hören wir ‹Vogelstimmen›? Worin bestehen die ureigentlichen Sinnesqualitäten des Hörens?

Was über Tag alles an unser Ohr brandet und schallt, stellt eine imposante Klangkulisse dar. Es gibt keinen Gegenstand der Erde, der, entsprechend angeschlagen, nicht tönt; selbst die vier Elemente klingen, wenn sie bewegt werden. Das Vokabular, das die unüberschaubare, ‹unüberhörbare› Fülle der Höreindrücke beschreibt, ist immens. Einige seien aus der Fülle aufgezählt, geordnet nach ihrem Klangvolumen, das bei den Geräuschen noch schmal ist und über die Töne und Klänge bis zu den Stimmen zunimmt.

Das Hörfeld / -Panorama

Zunächst aus der Welt der Geräusche:
Rauschen Brausen Knistern Zischen Klingen Quietschen Scheppern Plätschern Glucksen Sirren Klirren Fiepen Rasseln Rascheln Schnalzen Surren Klimpern Donnern Knacken Knarren Gurgeln Säuseln Flirren Tosen Knallen Klatschen Gluckern Murmeln Poltern Dröhnen

Wir hören diese Schälle so spezifisch mit Bezug auf ihre Quellen, dass wir, aus Erfahrung, ganz bestimmte Materialien ‹heraushören› können.

Besonders spezifisch sind die Klänge der Musikinstrumente: Becken, Pauke, Gong, Triangel, Xylophon, Gitarre, Klavier, Harfe, Kontrabass, Tuba, Posaune, Trompete, Oboe, Saxophon, Flöte, Cello, Geige.

Etwas sonorer sind Tonereignisse wie:
Summen Röhren Pfeifen Flöten Trällern Singen

Die Tierstimmen umspannen das ganze Spektrum des Hörbaren, von den mechanischen Geräuschen bis zu den melodiösen Gesängen:

Schnarren Bellen Knurren Heulen Piepsen Pfeifen Singen
Schnattern Krächzen Gurren Brüllen Zwitschern Zirpen Flöten
Gackern Krähen Summen Jaulen Tschilpen Fiepen Blöken
Meckern Quaken Schnurren Grunzen Wiehern Winseln Muhen

Entsprechendes gilt für die menschliche Stimme; wo sie das Sprechen trägt, ist sie: *dünn, lispelnd, wispernd* oder *heiser krächzend, schnarrend* oder *gellend, schrill schreiend, keifend* oder *sonor volltönend, melodisch modulierend.* Der Aufschrei, allgemein die Interjektion, die emotionale Expression, wie *au, ach, igitt* ist eine Übergangserscheinung vom Klang zum Laut, der als sprechender Ausdruck schon in das Gebiet des nächsten Sinnes, des Sprachsinns, fällt.

Wir unterscheiden in dieser Schallwelt unmittelbar hörend:

- die *Tonhöhe,* den Tonwert oder Tonkern, sofern er sich aus dem Geräusch heraushebt;
- die *Klangfarbe,* den Charakter oder die Sättigung des Tones, die den Ton charakteristisch um- und einkleidet (und so z. B. die Musikinstrumente nach ihrer spezifischen Klangcharakteristik unterscheidet);
- die *Lautstärke,* die Intensität, mit der das Klingend-Tönende im Raum erschallt: im Pianissimo leicht antönend, verhallend, bis zum Fortissimo-Andrang.

Wir wenden uns diesen Tonphänomenen über den Gehörsinn mit unterschiedlicher Aufmerksamkeit zu: vom beiläufigen *Wahrnehmen* des ständig präsenten Hintergrundrauschens oder einer rieselnden Radiokulisse über das deutliche, bewusste *Hören* und *Hinhören* bis zum *Lauschen* auf ein feines, verhülltes Klingen und, bei absichtlich konzentrierter Intention, zum *Horchen,* das in ein zunächst Verborgenes hineinhorcht, um es für das Hören zu erschließen.

Ton-Innensphäre oder: Ton-Glocke

Dieser sich vertiefende Gang in das Zu-Hörende macht einen Wesenszug des Hörens deutlich, der erst mit dem gesteigerten Hinhorchen offenbar wird: Hören ist bei aller hinaushorchender Zuwendung zur tönenden Umwelt zugleich ein Hineinhorchen in ein Innerlich-Klingendes. Und dieses Innere, zu dem wir uns hörend eigens hinwenden, ist nicht unsere eigene Innenwelt, sondern die eines anderen Wesens. Wir tauchen nicht unter in die *eigene* gefühlsgetragene Befindlichkeit, wenn wir rein, ‹bloß› hören. Wenn der musikalische Mitvollzug in uns ein Gefühl des künstlerischen Ausdrucks erzeugt oder wenn eingängige melodische Phrasen und Rhythmen uns beeindrucken und in innerleiblichen Befindlichkeiten in uns Resonanzen auslösen, so kann dies eine *Folge* sein, überschreitet aber das rein wahrnehmende Hören.

Wir hören vielmehr weit *hinaus* in die uns umtönende Welt, die uns umgebende Tonwelt – und dort zugleich *hinein* in ihre inneren Klangqualitäten. Wie empfinden wir diesen innerlich ertönenden Raum? Wir hören den Klang in ihm tönend ausgebreitet um uns herum. Wir hören primär nicht auf irgendwelche gegenständlichen Schallquellen, die wir mittels des sogenannten Richtungshörens identifizieren (Richtungen und Entfernungen gehören in die Raumvorstellung). Was wir unmittelbar, rein hören, ertönt rund um uns, raumfüllend – besser: sphärenerfüllend –, da es sich nicht um einen geometrischen Raum handelt, sondern um die uns (vormetrisch) rund umgebende ‹Umsphäre›. Die Tonsphäre um uns erklingt selbst. Diese ist keine schwingende Luftsphäre, mit Tönen erfüllt, es ist eine reine Klangsphäre, eine Glocke voll von Tönen, eine Art Ton-Glocke, eine Sphärenglocke, in der wir zunächst rein den Ton in und für sich hören und nicht den tönenden Gegenstand im Raum, auf den wir aus Erfahrung nur schließen können. Die Ton-Glocke ist der vom Klang aufgespannte tönende Sphärenraum. Im

Lauschen tragen wir dieser Klangerscheinung unser offenes Ohr, eine Art Stille entgegen, die als Aufmerksamkeitsraum dem Tönenden die Klangsphäre öffnet. Darin werden wir des innerlich Tönenden inne. Je nachdem, wie weit wir uns auf dieses einlassen, verinnerlicht sich der Klang-Umraum zu einem Innenraum, dem wir uns einhörend innig verweben. Eine eigenartige Ambivalenz erfasst uns hier, wo der tönende Außenraum zugleich klingender Innenraum ist. Wir haben im Ton einen Innenbezug zum Umraum wie ein inneres Echo im Ton-Dom.

Und dennoch sagt der Klang etwas von dem, wovon er ausgeht (er ist ja ein Umweltsinn), worin die Quelle seiner Erzeugung liegt, aber nicht im Sinne einer körperlichen akustischen Schallquelle, sondern im Sinne des qualitativen Ausdrucks. Der Schlag auf einen Gegenstand zum Beispiel bringt ihn derart zum Erzittern – diese Vibration können wir durch leichtes Berühren desselben mithilfe des Tastsinns feststellen –, dass er auf eine spezifische Weise erklingt, genauer: dass sich der spezifische Klang diesem körperlichen Erzittern entbindet. Eine Wasseroberfläche, Pappe, Holz, Blech oder ein Stahlblock klingen, von außen angeschlagen, je anders und hörbar typisch für ihr Material.[81] «Der Ton bringt die Innerlichkeit der Dinge zum Erzittern. Dadurch zeigt sich eine gewisse innere Beschaffenheit. Wie das Ding im Innern beweglich ist, nehmen Sie wahr durch den intimeren Gehörsinn. [...] Im Ton offenbart uns ein Ding, wie es innerlich

---

81 Bekannt sind die Chladnischen Klangfiguren, die sichtbar machen, wie bestimmt geschnittene und mechanisch stimulierte Metallplatten schwingen. Diese Figuren visualisieren, in welchen räumlich geordneten Schwingungszuständen (spezifischen Eigenschwingungen) die klingende Platte sich befindet.

ist, wenn wir dieses Ding anschlagen. Wir unterscheiden die Dinge nach ihrer inneren Natur, nach der Art, wie sie innerlich erzittern und erbeben können, wenn wir sie zum Tönen bringen. Die Seele der Dinge spricht in gewisser Weise da zu uns.»[82] «Es ist mehr als ein bloßes Bild, wenn man davon spricht, dass die Seele eines Körpers durch den Ton zur Offenbarung gebracht wird. [...] durch den Ton tritt die Eigennatur, das Individuelle des Körpers nach außen und teilt sich der Empfindung mit.»[83]

Ton-Empfindung und akustisches Hören

Die Ton-Empfindung, die wahrnehmend das innerliche Bewegtsein der Dinge erschließt, muss mit besonderer Aufmerksamkeit, mit einer besonderen «Fähigkeit des Anfühlens»[84] innerhalb der Wahrnehmung seelisch beobachtet werden. Ohne sie können wir nicht den aktuell voll anklingenden Ton von dem Schallimpuls eines technischen Tongenerators unterscheiden, der ‹denselben› Ton mit Hifi-Technologie akustisch wiedergibt, d. h. durch eine mechanische Schwingungsmembran substituiert und daher als schwingende Membran eine eigene, eben nur mechanische Schallquelle darstellt. Diese Substitution, die den ursprünglichen Klang simuliert, veranlasst uns, wenn sie in Hifi-Qualität die Eigenschwingungen des übertragenden Systems, zum Beispiel der ‹blechernen› Membran, unterdrückt, allenfalls, auf die ‹Seele der Dinge›, die bei der Übertragung gar nicht präsent sind,

82 Rudolf Steiner: Anthroposophie (GA 115), Vortrag vom 23. Oktober 1909.

83 Rudolf Steiner: Anthroposophie. Ein Fragment (GA 45), S. 27.

84 Rudolf Steiner: Menschenwesen, Weltenseele und Weltengeist (GA 206), Vortrag vom 22. Juli 1921.

zu schließen. Das ist besonders gravierend bei musikalischen Aufführungen, in denen der Musiker auf sensible Weise sein Instrument von Moment zu Moment zum Ertönen und so dessen bewegte ‹Seele› zum Ausdruck bringt. Diese je gegenwärtigen, originalen Einspielungen fehlen bei der Übertragung, die sie, sie durch eine eigene, technische Schallquelle ersetzend, nur simuliert.

Um es klar – was freilich trivial klingt – zu sagen: Wir hören im Kern nicht die Schwingung, sondern den Ton (dessen Wirkung sich in einem schwingungsfähigen Medium wie Luft als dadurch bedingte Schwingung im Raum zeigen kann).[85] «Das, was wir im Ton erleben, hat nämlich gar nichts mehr zu tun mit der Luft. Und die Sache ist diese, dass das Ohr dasjenige Organ ist, welches erst vor einem Tonerlebnis das Luftartige vom Ton absondert, sodass wir den Ton, indem wir ihn erleben als solchen, eigentlich empfangen als Resonanz, als Reflexion – von innen nach innen. Das Ohr ist eigentlich dasjenige Organ, das uns den in der Luft lebenden Ton ins Innere zurückwirft, aber so, dass das Luftelement abgesondert ist, und dann der Ton, indem wir

85 Neuere Forschungen machen auch deutlich, dass die beobachtbare akustische Luftschwingung auf dem Weg von der Schallquelle zum Hören an der Stelle der neurophysiologischen Einlösung im Ohr abgebaut werden muss, um den Ton in ihr zu entbinden: Die Schwingung wird im Ohr derart transformiert, dass sie am Ende in der Schnecke des Innenohrs als aktiv angefachte Brandungswelle der in der Innenohrlymphe schwimmenden Basilarmembran chaotisch, d. h. frequenzunspezifisch, zusammenbricht, welcher Vorgang an tonspezifischen Orten auf verschwindend kleiner räumlicher Dimension über die Hörhärchen (Cilien) neurologisch abgegriffen wird. Und so, indem die physikalisch-akustische Übertragung unterbrochen ist, schwingt sich das Hören in den eigenen Raum des Tones ein, und dies vor Ort, nämlich in die Tonglocke, nicht in die Schallquelle; das Hören findet nicht im Ohr oder Hörzentrum des Gehirns statt (s. Ernst-Michael Kranich: Der innere Mensch und sein Leib, Stuttgart 2003, S. 107).

ihn hören, im Ätherelement lebt. Also das Ohr ist eigentlich dazu da, um, wenn ich mich so ausdrücken darf, das Tönen des Tones in der Luft zu überwinden und uns das reine Äthererlebnis des Tones ins Innere zurückzuwerfen. Es ist ein Reflexionsapparat für das Tonempfinden.»[86]

Dass wir unmittelbar den Ton rein hören und nicht die luft- (allgemein: medien-) gestützte Schwingung, liegt nicht darin begründet, dass die Tonträger technisch unvollkommen oder, wie bei digitalen Aufzeichnungen, die Töne völlig entfremdet speicherten und sich als ein Vorhang technischen Rauschens dazwischenstellten. Gerade die akustisch perfekte Hifi-Reproduktion mag uns darüber täuschen, was wir eigentlich hören. Denn sie transponiert, wiewohl in perfekter Weise, nur den äußeren, der schwingungsfähigen Luft angepassten Schwingungsmodus. Haben wir nur diesen ‹im Ohr›, hören wir auch nicht mehr als seine Akustik – und dies selbst bei einer Live-Aufführung, deren originäre Ton-Erzeugung wir, bloß äußerlich konstatierend, gerade überhören. Der technisch reproduzierte Schall ist nur der akustische, dem Medium angepasste Träger oder Überträger und hört sich, genau hingehört, als pure Schall-Fassade an, täuschend simuliert, aber in verflachter Innerlichkeit, ohne die ‹Seele› des Originaltons (wiewohl mit der ‹Seele› der technischen Tonquelle). Seele können wir, wenn wir musikalisch geschult sind, in diese Fassade, nun aber, über deren technisch sinnliche Oberfläche hinaus, übersinnlich tätig einhörend wieder einfühlen. Nur insofern, also durch übersinnliche Kompensation dessen, was durch die Reproduktion verdeckt

86 Rudolf Steiner: Das Wesen des Musikalischen (GA 283), Vortrag vom 7. März 1923.

ist, können den technischen Aufzeichnungen auch musikalisch tiefere Hör-Erlebnisse abgewonnen werden. Dieses übersinnlich aktivierte, verseelende ‹Hören› tragen wir aus *unserem* Inneren in die äußeren Toneindrücke, aber damit hören wir sinnlich wahrnehmend gerade nicht in das Innere eines *anderen* Wesens. Trotzdem sei nochmals betont, dass ‹gute› Reproduktionen durchaus tiefe *innere* Musikerlebnisse auslösen können – mit dem Unterschied, dass diese sich nicht in ein physisch reales Geschehen einleben können, wie es durch das sinnlich wahrnehmende Hineinhören in die aktuell erklingende Musik des Live-Konzerts möglich ist.

Wir müssen ständig, aufmerksam unterscheidend, prüfen, ob und inwiefern wir auf und in den Klang hören (z. B. einer musikalisch gespielten, die Töne freigebenden Geige im Konzertsaal) – oder nur auf seine akustische Fassade (nur diese kann durch Reproduktionen wiedergegeben werden). Das verlangt eine ständige Übung im seelischen Beobachten. Wir hören nicht recht im vollen Sinne des Hörsinns, wenn wir das Ertönende nur (oberflächlich) anhören oder auf es hinhören, ohne in seine innere Tiefe *hineinzuhören.* Das pur akustische Hören erfasst nur die äußere Fassade, deren Täuschungen wir gerade dann erliegen, wenn wir das Erklingende kennen und innerlich bloß durch Erinnerungen reproduzieren, extrem bei allgegenwärtigen Gassenhauern oder endlosen Ohrwürmern. Wir wiegen uns in eingängige Melodien, in leiblich mitschwingender Resonanz, regelrecht ein. Aber dann sind wir in uns selbst beschäftigt und hören nicht in das Innere eines anderen Wesens.

Hören von Melodien

Wie ist es mit dem Hören von Melodien, die uns doch so innerlich mitnehmen? Inwiefern hören wir sie? Melodien sind Zeitgestalten, die wir durch seelische Aufmerksamkeit und mitmusizierende Aktivität, also übersinnlich, hervorbringen und die so unser sinnliches Hören über längere Zeitspannen, in denen vorangegangene Passagen jeweils schon verklungen sind und kommende noch ausstehen, führen und prägen. Melodien müssen seelisch aktiv zusammen-gehört, tätig mitmusiziert werden. Sie bilden in alle Tonarten transponierbare, deren Klanghüllen entzogene Einheiten, in denen ihre sinnlich verklungenen und noch nicht erklungenen Glieder übersinnlich präsent sind. Den inneren Melodien nachzuhängen, kann sogar vom Hören des wirklich Erklingenden ablenken. Der Ornithologe beispielsweise ist beim angespannten typologischen Vogelstimmen-Erkennen davon abgehalten, genau darauf hinzuhören, wie ein bestimmter Buchfink in dieser besonderen Situation jetzt gerade singt. Musizieren und musikalisches Hören sind künstlerische, übersinnlich gestaltende Tätigkeiten (Aufführungen), die das rein sinnliche Hören übersteigen.

Indes zeigt eine genaue Beobachtung, dass kürzere melodische Phrasen durchaus im Augenblick, im Hörmoment aufgefasst werden können, und zwar nicht durch Erinnerung, in der wir Melodien auch aus länger zurückliegenden Erlebnissen wieder aufrufen können, aber eben nur als erinnerte und nicht aktuell gehörte. Achten wir auf den Moment, in dem uns etwas bewusst gegenwärtig ist, so zeigt er eine gewisse Breite, die einige Zeit umfasst. Die Sukzession kurzer melodischer, motivischer Phrasen hören wir gewissermaßen gleichzeitig, in einer zeitlich erstreckten Einheit, in akkordartiger Gegenwärtigkeit der Tonfolge. Das liegt in der Arbeitsweise des menschlichen Bewusstseins begründet, das sich stets des Inhalts seiner vergegenwärtigenden Tätigkeit inne ist: Selbst die Auffassung sinnlich gegebener Wahrnehmungen umspannt die Prozesseinheit von Eindruck und Aneignung. Perzeption ist stets getragen von Apperzeption: Im bewussten Erfassen einer Wahrnehmung bin ich, der sich derselben inne wird, immer schon mit-wahrgenommen. Das bedeutet: Jeder vergegenwärtigte Inhalt ist in der Weise erfasst, dass er rückbezogen ist auf mich, der ihn gegenwärtig (bewusst vor sich hin-)hält – er ist meine Aneignung. Diese vergegenwärtigende Gebärde hinaus zum Inhalt und zurück auf mich braucht eine gewisse ‹Zeit›, in der das ‹nachträgliche› Bewusst-Werden einer ‹soeben zu Ende gekommenen› Hervorbringung entfaltet wird.[87] Das zeitliche Kontinuum der inneren Sukzession beider Momente der Vergegenwärtigung bildet den Bewusstseinsstrom aktueller Erfahrungen. Nur was derart ‹dauert›, ist uns gegenwärtig bewusst.[88]

Dieses Kontinuum bindet nun auch die Tonfolge kurzer Melodiebögen in eine gegenwärtig erfahrene Fließeinheit, indem der soeben abfließende Ton im nächsten einströmenden nach-gehört wird, weil er erst aus dem Aspekt dieses nachfolgenden als hervorgebracht vorhandener sinnlich

87 Siehe Rudolf Steiner: Psychosophie (GA 115), Vortrag vom 4. November 1910, wo das Bewusstsein als «gegenwärtiger Augenblick» durch das «Übereinanderschlagen» zweier Zeitströme, eines von der Vergangenheit in die Zukunft und eines von der Zukunft in die Vergangenheit gerichteten Stromes, begründet wird.

88 Die englische Sprache drückt diese zeitliche Ausdehnung der bewussten Gegenwart in der Present-Continuous-Form aus, z. B. ‹I am hearing›.

hörend konstatiert werden kann. Das gilt auch für den Fall eines stationären Tones: Wir hören ihn als ständig hervorgebrachten, insofern als andauernd. Was wir sinnlich gerade hören, muss eine gewisse Zeit dauern. Während beim Sehen einer Farbe die Breite der Wahrnehmungsgegenwart für den Wahrnehmungsinhalt irrelevant ist, beeinflusst sie also beim Hören den in der Zeit lebenden und unter Umständen variablen Hörinhalt, indem sie diesen in seinem ihm wesentlichen fließenden Wandel umfasst.

Davon zu unterscheiden ist das Musikerlebnis eines geübten Hörers, der lange melodische Passagen über-hören kann, und zwar simultan und nicht seelisch erinnernd-erwartend; hier liegt ein übersinnliches Hörerlebnis auf einem imaginativen Zeittableau vor.

Seele der Dinge

Wenn im Hören, wie Rudolf Steiner formuliert, die «Seele der Dinge» zu uns spricht, so ist das bei beseelten Wesen wie Tier und Mensch selbstverständlich plausibel: Deren Seele kommt in ihrer Stimme zum Ausdruck – wenngleich mit dieser Bemerkung die spezifische Seelenqualität des Gehörten noch nicht angesprochen ist. Bei unbeseelten Dingen kann der Terminus ‹Seele› nur metaphorisch gemeint sein für eine seelenartige, innerliche Charakteristik alles Tönenden: Wir hören in ein ‹Inneres›, in das innere Erzittern, in die ‹Eigenschwingung› des klingenden Gegenstandes – wobei dieses ‹Innere› nicht der körperliche Innenraum ist, sondern das qualitative Bewegt- und Erregtsein, das, durch Anschlagen der gegenständlichen Schale gewissermaßen aus seinem Materialschlafe hervorgelockt, im In-sich-Weben des Tönenden aufklingt. Auch wenn dieses ‹In-Sich› von keinem Bewusstsein erfüllt ist, hat es in Form des umräumlich-konfigurierten Bewegtseins, das in einem spezifischen Eigenmodus, in seinem «inneren Gefüge»,[89] schwingt, für das aufmerksame Hineinhören doch die Charakteristik des Innerlichen: «Der Ton verrät uns schon sehr viel von dem inneren Gefüge des Äußeren [...]. Wenn ich etwas anschaue, sehe ich nur die Farbe der Grenze, der Oberfläche; aber wenn ich etwas zum Tönen bringe, dann nehme ich gewissermaßen von dem Tönenden das Innere intim wahr.»

Rudolf Steiner geht in einer ausführlichen Aufzeichnung in seinem Notizbuch dem Hörerlebnis von klingenden äußeren Gegenständen nach, wie es sich bei genauer Beobachtung darstellt – und zwar vor dem Hintergrund der Lautwahrnehmung, welche die Hörverhältnisse deutlicher offenbart – und fragt, inwiefern man von der «Seele der Dinge», in die man, einen Klang hörend, hineinhört, sprechen kann: «Lebt nun das eigene Ich verwoben mit dem Ton eines leblosen Gegenstandes, so kann es innerhalb der Sinnenwelt den Ton nur auf diesen leblosen Gegenstand beziehen. [...] Es ist mit dem Ton verwoben, nicht aber mit dem leblosen Gegenstand»[90], von dem abgelöst der Ton frei in sich schwingt. Während «der Hörende beim Laut eines Menschen sein Ich an ein fremdes Ich hingibt», tut er das «beim Ton eines leblosen Gegenstandes nur an den *Ton selbst*. Das hörende Ich fühlt sich beim Laute veranlasst, durch diesen hindurchzudringen, beim Ton des leblosen Gegenstandes nicht.» Und weiter: «Im Übrigen gehören Laut und Ton des

89 Rudolf Steiner: Das Rätsel des Menschen (GA 170), Vortrag vom 12. August 1916.
90 In Rudolf Steiner: Anthroposophie. Ein Fragment (GA 45), S. 197.

leblosen Gegenstandes in der gleichen Art der Sinnenwelt an, und das hörende Ich ist mit beiden in der gleichen Art verbunden. Deshalb darf aber auch die Beziehung des Tones zu dem, was sich zwischen tönendem Gegenstand und dem hörenden Menschen als Luftbewegung usw. abspielt, nicht anders gedacht werden als die Beziehung des Lautes zu der entsprechenden äußeren Bewegung. Zu dem äußeren leblosen Gegenstand muss der Ton demnach in ein Verhältnis gebracht werden, wie ein solches der Laut zu dem sprechenden Menschen hat. Es kann das nicht geschehen, ohne den leblosen Gegenstand auf ein ihm *inneres Leben* zu beziehen.»[91] Und zusammenfassend: «Was nun in der Sinnenwelt als Bewegung des leblosen tönenden Körpers, als Luftbewegung usw. beobachtet werden kann, muss als Wirkung des im Tone Lebenden in der Sinnenwelt gedacht werden», muss «für den Ton eines leblosen Gegenstandes in einer hinter dem Ton liegenden übersinnlichen Welt gesucht werden.»[92] Wie das «im Tone Lebende» im sinnlich hörbaren Ton selbst wirkend aufklingt, das charakterisiert die spezifische Qualität, in der jenes Innere (übersinnlich Wesenhafte) zum Ausdruck kommt, aber selbst nicht anzutreffen ist. Insofern ist die Wendung ‹Seele der Dinge› für das in der Sinnenwelt innerlich Tönende metaphorisch gemeint.

Intonation und Resonanz

Das Tönen ist, wohlgehört, immer ein In-sich-Tönen, *In-Tonation*, ist ein In-sich-Weben, ein im tönenden Herausschwingen einverwobenes In-sich-Zurückschwingen: *Re-Sonanz*. Es

91 Ebd., S. 198 (kursiv durch die Autoren).
92 Ebd., S. 199.

ist, wie wenn es in sich widerklingt, so sich selbst zuhört und von sich ‹weiß›. Das meint ‹Innerlichkeit›, die wir im Tönenden mithören. Im innersten Kern ist Ton immer Innen-Ton oder: *Eigenton* (auch wo ein ausdrückliches Auf-sich-Bezogensein des tönenden Wesens, wie es bei Mensch und Tier als bewussten Wesen vorliegt, fehlt oder gar wie beim technischen Tongenerator eine äußerst scharfe Referenz aufweist). Wir sind mit dem in sich webenden Ton derart verwoben, dass wir hörend in ihm als solchem aufgehen, ohne schon, durch ihn hindurch, auf ein anderes, in sich beschlossenes Wesen zu stoßen (wie das bei den höheren oberen Sinnen geschieht). Die real seelische Erfüllung des Tones durch ein Seelenwesen liegt für die Hörwahrnehmung nicht in der Sinneswelt.[93]

Der Hörsinn, der tiefste der oberen Sinne, wirkt also zunächst wie ein Umweltsinn, mittels dessen wir uns der umgebenden und auf uns einwirkenden, uns beeindruckenden Tonwelt hingeben, der uns aber zugleich diese Umwelt als eine ausdrucksvolle Innenwelt erschließt, die im In-sich-Weben des Tones gegeben ist, das ihm einen seelischen Charakter verleiht. Darin liegt der Unterschied zum Wärmesinn, dem höchsten der Umweltsinne, dass sich die Berührung mit innerlichen Qualitäten weiter spezifiziert: «Nun stellen wir uns vor, dass Sie mehr noch in das Innere der Körperlichkeit gehen, als es durch den Wärmesinn möglich ist, dass Sie gewissermaßen nicht nur dasjenige, was die Körperlichkeit von außen durchdringt, aber allerdings im Inneren durchsetzt wie die Wärme, ins Auge fassen, sondern was innere

93 Oder in Grenzfällen im Übergang.

Qualität der Körper durch ihre Wesenheit ist. Zum Beispiel: Sie hören eine metallene Platte, die Sie anschlagen, dann nehmen Sie etwas von der Substantialität dieser metallenen Platte wahr, also von dem inneren Wesen des Metallischen. Während, wenn Sie die Wärme wahrnehmen, Sie durch den Wärmesinn nur dasjenige wahrnehmen, was gewissermaßen als allgemeine Wärme die Körper durchdringt, aber dann allerdings im Inneren ist, so nehmen Sie also durch den Hörsinn dasjenige wahr, was schon mit dem inneren Wesen der Körper zusammenhängt. [...] wo das äußere Körperliche schon mehr seelisch wird.»[94] Oder: «Die Wärme ist in den Dingen ganz gleichmäßig verteilt. Was Ton in den Dingen ist, ist nicht gleichmäßig verteilt. Der Ton bringt die Innerlichkeit der Dinge zum Erzittern. Dadurch zeigt sich eine gewisse innere Beschaffenheit. Wie das Ding im Inneren beweglich ist, nehmen Sie durch den intimeren Gehörsinn wahr.»[95]
Wir empfinden diese Innerlichkeit des Klanges deutlich in den reinen Dur- und Moll-Stimmungen oder in den tonartlich gestimmten Akkorden. Sie bilden spezifische Arten des In-sich-Webens von Klängen. In sie und ihre Charaktere genau hin- und hineinzuhören, ist, gegenüber unserem verflachten, bloß akustischen Hören, schon ein Stück Schulungsweg zur Ausbildung höherer Erkenntnisstufen. Rudolf Steiner lässt diesen mit der aufmerksamen Wahrnehmung sinnlicher Eindrücke beginnen, beispielsweise von Tönen: «Er [der Geistesschüler] soll seine ganze Aufmerksamkeit darauf lenken,

94 Rudolf Steiner: Geisteswissenschaft als Erkenntnis der Grundimpulse sozialer Gestaltung (GA 199), Vortrag vom 8. August 1920.

95 Siehe Anm. 81; siehe dazu auch die Parallelstelle in: Anthroposophie. Ein Fragment (GA 45), S. 153 f.

dass der Ton ihm etwas verkündet, was außer der eigenen Seele liegt. Und er soll sich versenken in diese Fremde. [...] Er soll darüber hinweg sich setzen, was *für ihn* der Ton ist, ob er ihm angenehm oder unangenehm ist, wohlbehaglich oder missfällig; nur das soll seine Seele erfüllen, was in dem Wesen vorgeht, von dem der Ton kommt. Wer planmäßig und mit Vorbedacht solche Übungen macht, der wird sich dadurch die Fähigkeit aneignen, mit einem Wesen, sozusagen, zusammenzufließen, von dem der Ton ausgeht»[96] – mit einem Wesen allerdings, das, wie wir sahen, erst im Übersinnlichen anzutreffen ist, aber doch seine Innencharakteristik dem sinnlichen Ton mitteilt.

Auf dem Weg zum Laut

Wir sahen oben, dass das Wesentliche des Tones in seinem ständigen Erregtwerden zum In-sich-Weben liegt, im Einschwingen in sich (statt eines bloßen Verhallens oder Ausklingens). Konkret werden diese tonerzeugenden und -tragenden Einschwingvorgänge beispielsweise durch das permanente sensible Anstreichen der Violinsaite oder Anblasen der Luftsäule im Flötenrohr realisiert, die der Musiker hörend-hervorbringend so gestaltet, dass der erregte Ton, vom Instrument abgelöst – und das umso reiner, je besser das Instrument ist –, in seiner Glocke in sich schwingt.

So sehr der Ton in seinem Innenweben immer in-toniert ist, wirkt er in seiner Ausdehnung im Umraum doch eigenartig unzentriert verwehend und elementar anonym dahinwogend, sein Wesen bleibt doch übersinnlich. In

---

96 Rudolf Steiner: Wie erlangt man Erkenntnisse der höheren Welten? (GA 10), Kap. Die drei Stufen der Geheimschulung, 1. Die Vorbereitung.

seinem wiewohl konfigurierten «inneren Gefüge»[97], jedoch in räumlich verhallende Verhältnisse ausgebreitet, schließt er sich nicht zusammen zu einer bündigen sprechenden Gebärde, wie es der Laut zeigt. Sein Ton-Gewebe gleicht eher einer wehenden Hülle von Innerlichem (einer zitternd schwingenden Glocke) als einem faltenreichen Gewand, in welchem der Laut mit ausdrucksvoller Geste auftritt. Oder fachterminologisch gesprochen: Die Intonation des Tones gestaltet sich nicht zur Artikulation des Lautes aus. Wo der Laut deutlich spricht, summt (oder singt) der Ton nur, aber im tönenden Umraum eine Innenwelt ankündigend.

97 Siehe Anm. 89.

Lautsinn

Die Sprache ist durch Ausdruck, Darstellung und Mitteilung das grundlegende Medium der Verständigung unter Menschen. So allgegenwärtig sie im alltäglichen Verkehr ist – meist wird doch übersehen bzw. überhört, dass sie primär erst als gehörte, also kommunikativ, ankommt; sonst redete man aneinander vorbei und nichts wäre gesagt. Weil es einen zu- und anhörenden Sprachsinn gibt, spricht die Sprache. Als Sinn für die Art und Weise, wie die Mitmenschen sprechen, um etwas zu sagen, wirkt er originär als Sinn für das Sprechen.

Was der Sprachsinn oder Wortsinn unmittelbar vernimmt, das Wort als solches – nicht seinen nackten Schall, nicht seine lexigraphische Bedeutung – ist ein ‹Flügelflagel›: «Der Flügelflagel gaustert / durchs Wiruwaruwolz, / die rote Fingur plaustert / und grausig gutzt der Golz.» (Christian Morgenstern) Was da als Flügelflagel gaustert, als Fingur plaustert und als Golz gutzt – das muss uns der Wortsinn eröffnen; denn die taxonomischen Begriffe kennen wir nicht, die diese nur in dichterischen Wortgestalten hausenden Wesen dingfest machen könnten.

Ich höre einen Vortrag in georgischer Sprache, die ich nicht verstehe. Ich höre die Stimme des Redners, ihre Tonhöhe und Lautstärke, ihr Timbre, ihre Melodie. Ich vernehme einzelne Laute, voneinander abgesetzte Sprachglieder im Sprechstrom der Rede. Aber ich verstehe nicht die Aussage. Und dennoch habe ich den Eindruck, dass mit diesem Sprechereignis mehr zum Ausdruck kommt als eine bloß ertönende Stimme. Auch wo ich nicht Nachrichten oder Mitteilungen über Sachverhalte verstehe, bin ich offensichtlich von einer Sprache berührt, die mehr ‹sagt› als die klingende Tonfolge der Sprechmelodie. Aber was ‹sagt› die Sprache der Rede, welcher wir zuhören, unbeschwert von Informationen, die sie transportiert; was sagt sie als in sich sprechende?

Das überhörte Zwischenreich

Die Sprache, das Wort oder den Laut überhören wir meist: Entweder wir verfangen uns in der Stimme des Sprechers oder wir springen in die Aussage, den Zweck der Rede. Derart in die Zange genommen, hören wir selten auf das, was die Sprache als solche, abgesehen vom Schallereignis und vom Informationstransfer, *sagt*, konkreter: *wie* der Redner spricht; *wie* er die Sprache im Moment seines Sprechens anwendet, um etwas zu sagen; *wie* sie in seiner Sprechweise als Lautphänomen zum Ausdruck kommt. Vom Ton der Stimme einerseits und vom Begriff, dem Sinn der Aussage, andererseits bedrängt, müssen wir das spezifische Sinnesfeld des Sprachsinns erst freiräumen. Da wir das Sprechen auch hören, sind wir geneigt, es als ein – zugegebenermaßen komplexes – Klangereignis anzusehen, das wir beim Zuhören zur Sprache verarbeiten – aber wie sollten wir das können, wenn wir die Sprache nicht kennen? Und indem wir das Gesagte in seiner Aussage verstehen, glauben wir in den Worten nur Vehikel, nur Zeichen für mitgeteilte Informationen zu haben – aber wie wurde uns die Bedeutung von Zeichen zum ersten Mal erklärt?

Genau hingehört, durch die Verhüllungen hindurchgehört, erschöpft sich das, was durch Sprechen an Sprachgebilden wie Lauten, Silben, Wörtern oder Wendungen und in Sätzen auftritt, nicht im kurzschlussartigen Zusammenfall vom Ton der Stimme, die wir hören, und der Bedeutung der Aussage, die wir verstehen, von Schall und Sinn (Akustik, Phonetik und Semantik).

Um der Sprache ein eigenes Wirklichkeitsfeld, dem Sprachsinn seine spezifische Wahrnehmungsweise freizuhalten, sei für die folgenden Erkundungen des Erfahrungsfeldes terminologisch differenziert: Der Tonsinn *hört*, der Begriffssinn *versteht* und der Sprachsinn zwischen diesen beiden oberen Sinnen *vernimmt*.[98]
So fragen wir: Was und wie vernimmt der Sprachsinn? Wir müssen lernen, unsere Aufmerksamkeit im Hören, im genauen Hinhören zu differenzieren, wenn ein Sprachlaut vernehmbar wird. Wir können drei Schritte der hörenden Zuwendung unterscheiden: Zunächst hören wir *hinaus* in die tönende Umwelt, in welcher der Laut in der Hülle eines bloßen, hörbaren (lauten) Schallereignisses auftaucht. Dann hören wir *hinein* in das innere Weben dieses tönenden Klanggebildes; das ist die eigentliche Erfahrung des Hörsinns. Und schließlich die besondere Zuwendung des Lautsinns: Wir hören *hin*, was da in einer Lautgestalt verlautet.

Diesen letzten Schritt zum Erfahrungsfeld des Lautsinns machen wir uns bewusst, wenn wir in der folgenden ‹Ton-Leiter› aufsteigen und darauf achten, wie das Hineinhören in Tönendes übergeht in ein Hinhören auf Lautierendes (bevor es in dem verlautbarten Inhalt, den der Begriffssinn versteht, wieder überhört wird und verweht):

---

98 Siehe Rudolf Steiner: Von Seelenrätseln (GA 21), 5. Anhang, S. 146.

- Geräusche wie Rauschen, Gurgeln, Knacken, Quietschen, ...
- Töne und Klänge von Musikinstrumenten
- Tierlaute wie Bellen, Heulen, Zirpen, Singen, ...
- Menschliche Stimme und Gesang von Mann, Frau, Kind (Summen, wortloses Singen), ...
- Schrei, Ausruf oder Interjektion wie *Oh, Ach, Au, Oho, Bä, Igitt, ...*

Diese Aufschreie sind zunächst Hörereignisse, in die man sich als emotionale Expressionen durch empfindsame Einfühlung seelisch vertiefen kann, wodurch man dann allerdings das Feld der sinnlichen Hörwahrnehmung verlässt, so z. B. wenn man den Schrei *Au* als fassungslosen emotionalen Schmerzausdruck miterlebt. Erst als gefasste sprachliche Gebilde ‹sprechen› die Interjektionen in Lauten und Silben; sie verlauten und sagen darin etwas aus, auf das wir, durch das bloß Tönende hindurch, rein hinhören können.

Dieser Intentionswechsel zum Hinhören auf einen Laut wird besonders signifikant in folgender Hörübung: Sprechen wir den Laut *Aaaa* über eine gewisse Zeit andauernd, so tönt er auf einer bestimmten Tonhöhe, so dass wir ihn auch als gesungenen Ton hören. Wir können nun auf diesen Ton, auf dessen Klang hören – oder aber auf den Laut *A*, indem wir das Kleid der singenden Stimme überhören oder durchhören auf die pure (nicht singend-tönende) *Lautgestalt*, welche auch auf jeder anderen Tonhöhe gesprochen, also unabhängig vom tönenden Medium erfasst werden kann. Der Laut A wird in kurzer Zeit artikuliert und dabei in eine Gestalt abgeschlossen.

Methodische Sorgfalt

Das Bewusstwerden dieses Blickwechsels vom Ton zum Laut lehrt, vom Tonsinn einen eigenständigen Lautsinn zu unterscheiden. Diesen kennt die akademische Sinnesphysiologie nicht. Er ist aber Rudolf Steiner so wichtig, dass er im Vortragszyklus «Anthroposophie» die knapp charakterisierende Aufzählung der Sinne im Übergang zum Lautsinn mit einer grundsätzlichen methodischen Zwischenbemerkung unterbricht, die eine genaue Beobachtung der Verhältnisse gerade dort einfordert, wo es darum geht, den von zwei Seiten verstellten Lautsinn als echten, eigenen Sinn aufzudecken: «Sinn ist das, wodurch wir uns eine Erkenntnis verschaffen ohne Mitwirken des Verstandes [...], wo unsere Urteilsfähigkeit noch nicht in Kraft getreten ist.»[99] Und dann hinblickend auf den Lautsinn: «Wir finden ihn, wenn wir uns überlegen, dass es allerdings im Menschen noch eine gewisse Wahrnehmungsfähigkeit gibt. *Das ist ganz besonders wichtig für die Fundamentierung der Anthroposophie.* Es gibt eine Wahrnehmungsfähigkeit, die nicht auf dem Urteil beruht, aber doch in ihm vorhanden ist. Es ist dasjenige, was wir wahrnehmen, wenn wir durch Sprache uns mit unseren Mitmenschen verständigen. In dem Wahrnehmen dessen, was uns durch die Sprache gegeben ist, liegt nicht nur ein Ausdruck des Urteilens, sondern liegt ein wirklicher Sprachsinn zugrunde.»[100] Der sprachlichen Verständigung (der ‹Vernehmlichung›) mit dem anderen, in die stets verstehend-erschließende Urteile über das Gesagte hineinspielen, liegen, soll es wirklich zur echten Verständigung kommen, originäre Wahrneh-

99 Rudolf Steiner: Anthroposophie (GA 115), Vortrag vom 23. Oktober 1909.
100 Ebd. (kursiv durch die Autoren).

mungen dessen zugrunde, was der andere *von sich aus* sagt. Dadurch erfahren wir etwas von ihm selbst, *vor* unserer urteilenden Meinung über den Inhalt des Gesagten. In der parallelen Schriftfassung der «Anthroposophie» findet sich eine entsprechende methodische Besinnung: «Es ist durchaus gerechtfertigt, von einem besonderen Lautsinn oder Sprachsinn zu reden. Die Anerkennung dieses Sinnes macht nur aus dem Grund Schwierigkeiten, weil zu der unmittelbaren Empfindung dessen, was im Laute sich offenbart, in der Regel die mannigfaltigste Urteilsbetätigung hinzutritt. Doch zeigt eine genaue Selbstbesinnung, dass allem Hören des in Lauten Gegebenen doch zum Grunde liegt ein ebensolch unmittelbares, urteilsfreies Verhältnis zu dem Wesen, von dem der Laut ausgeht, wie es der Fall ist, wenn ein Farbeneindruck wahrgenommen wird.»[101] Auch im Zyklus «Anthroposophie» betont Rudolf Steiner die Bedeutung der Entdeckung des Lautsinns als einen eigenständigen Sinn: «Die Sprache ist nicht in Willkür zustande gekommen; sie ist ein geistiges Produkt. Um sie in ihrem Geist wahrzunehmen, haben wir den Lautsinn, der im ganzen System der Sinne dieselbe Berechtigung hat wie die anderen Sinne.»[102]

Es ist nicht leicht, die «genaue Selbstbesinnung» gegenüber der spezifischen Sprachwahrnehmung wirklich durchzuführen, zu sehr wird sie durch die konfusen Erfahrungen des alltäglichen zweckorientierten Umgangs behindert bzw. durch scheinbare Selbstverständlichkeiten unterlaufen. Denn das zu uns Gesprochene ist, kaum vernommen, schon Anlass für Urteile über das Mitgeteilte.

---

101 Rudolf Steiner: Anthroposophie (GA 45), S. 28 f.

102 Siehe Anm. 99, Vortrag vom 25. Oktober 1909.

Wortgebärde

Sicher, die Laute, Silben oder Worte werden auch und zunächst gehört. Aber sie stützen sich auf die gehörten Klangspektren nur, ohne mit ihnen wesensgleich zu sein; denn der Laut ist nicht einfach ein komplizierter Akkord, das Wort nicht einfach eine komplizierte Melodie. Sie bilden eigene Wesen, Wesen eigener Modalität. Um diese gegenüber der des Tons deutlich abzusetzen und hervorzuheben, wagt Rudolf Steiner auch akzentuierende Charakterisierungen, die man in «genauer Selbstbesinnung» sachgemäß jeweils an der konkreten Erfahrung bewähren muss, um sie vor zu raschen Missdeutungen zu schützen. So sagt er bei seiner ersten Darstellung: «Das Hören kündet einem das innere Erzittern an. Die Wahrnehmung, dass ein Laut dies oder jenes bedeutet, ist nicht bloßes Hören.»[103] Was heißt hier «bedeutet», wenn damit nicht der Begriff gemeint ist? Oder, sieben Jahre später: «Im Ton nehmen wir zwar sehr das Innere der Außenwelt wahr, aber dieses Innere der Außenwelt muss sich noch mehr verinnerlichen, wenn der Ton sinnvoll zum Worte werden soll. Also noch intimer in die Außenwelt leben wir uns ein, wenn wir Sinnvolles durch den Wortsinn wahrnehmen.»[104] Was heißt hier «sinnvoll»? Inwiefern ist das Spezifische des Wortes ein «sinnvoll Tönendes»[105], wenn hier nicht der gedankliche Sinn, der im Wort nur transportiert wird, angesprochen ist?

---

103 Wie Anm. 99, Vortrag vom 23. Oktober 1909. – Noch genauer gesprochen sollte es hier besser ‹sagt› anstelle von «bedeutet» heißen.

104 Rudolf Steiner: Das Rätsel des Menschen (GA 170), Vortrag vom 12. August 1916.

105 Ebd.

Dieser Bedrängung des Wortes durch den Begriff, der es besetzt, steht die Bedrängung durch den das Wort übertönenden Ton gegenüber, der Rudolf Steiner im Übergang vom Ton zum Laut nachgeht: Er schildert die spezifische Arbeitsweise des Lautsinns als eine unterbewusste Tätigkeit, mit der dieser eine gehörte Melodie – deren vergangene und zukünftige Tonfolgen zusammenschiebend – in eine momentane Harmonie verwandelt, und zwar so, dass nicht nur die Grundtöne der Melodie, sondern auch alle ihre mitklingenden, die Grundtöne überformenden Obertöne zusammengedrängt werden – so dass wir die Grundtöne überhören beim Vernehmen von Lauten (die ja auf jeder Tonhöhe artikuliert werden können): «Nicht als ob die andern Töne nicht da wären, sondern es wird nur die Aufmerksamkeit von ihnen abgelenkt, und es wird nur jene Harmonie von Obertönen aufgefasst. Das ist erst der Laut. Dadurch entsteht ein Laut, dass eine Melodie momentan in eine Harmonie umgewandelt, dann von den Grundtönen abgesehen wird und nur das System der Obertöne aufgefasst wird.»[106]

Ein dreigliedriger Vorgang charakterisiert also die «wunderbare unterbewusste» Wahrnehmungstätigkeit des Lautsinns während des Hörens. Was hebt aber hier den Lautsinn vom Tonsinn ab, wenn Rudolf Steiner zusammenfassend anschließt: «Was diese Obertöne dann [nach diesem dreifachen Prozess] geben, das ist der Sinn des Lautes, *A* oder *I*.» Der «Sinn» ist das, was den Laut zum Laut macht. In dieser Formulierung werden die beiden den Lautsinn bedrängenden

---

106 Wie Anm. 99, Vortrag vom 26. Oktober 1909. Siehe dazu den Vortrag vom 7. März 1923 in Rudolf Steiner: Das Wesen des Musikalischen und das Tonerlebnis im Menschen (GA 283).

Bereiche geradezu enggeführt: die «Harmonie von Obertönen» und «Sinn». Das mag Anlass geben, sie aus ihren Perspektiven herauszulösen: die «Harmonie von Obertönen» aus ihrem hörbaren Bereich (als bloß tönender Akkord) einerseits und «Sinn» aus dem begrifflichen Bereich (bedeutsame Aussage) andererseits. Was führt tönende «Harmonie» und bedeutenden «Sinn» zusammen?

Hier werden wir auf einen grundlegenden Wesenszug des Lautes aufmerksam, wonach er im ertönenden Medium eigentlich unhörbar ist und zugleich in dem, was er sinnvoll ‹sagt›, auch ‹hörbar› bzw. ‹laut› vernehmbar ist, d.i. verlautet: seine Gebärdennatur. Laut ist eine sinnvoll – oder sollte man unverfänglicher sagen: sinnig – sprechende *Gebärde* (im Unterschied zum auf Bedeutung verweisenden Zeichen).

Die oben zitierten beiden Zugänge zum Lautsinn könnte man derart zusammenschauen, dass man sagt: Das Zusammenschieben der Obertöne einer Melodie zur Harmonie entzieht den Laut seinem tönenden Medium in Raum (Luft) und Zeit (Zeitgestalt[107]), (ver-)nimmt ihn aus dem (Grund-) Ton (heraus) und rundet ihn in sich zur bündigen Geste, welche, über-hörbar, selbst bedeutsam spricht. In seinem Fragment «Anthroposophie» formuliert Rudolf Steiner: «In Betracht kommt, dass der hörbare Laut nicht das einzige ist, wodurch sich dem Menschen eine solche Innerlichkeit offenbart, wie es beim Sprachlaut der Fall ist. Auch die Geste, Mimik, das Physiognomische führt zuletzt auf ein Einfaches, Unmittelbares, das ebenso in das Gebiet des Sprachsinnes ge-

107 Die zeitlich begrenzte Lautgebärde wird für den Lautsinn – in noch stärkerem Maße als die Melodie für den Tonsinn – über eine ‹breite Gegenwart› dauernd simultan erfasst.

rechnet werden muss wie der Inhalt des hörbaren Lautes.»[108] Der Laut ist eine spezifisch lautierte, artikulierte Gebärde, unmittelbar sprechend, die über dem Hörbaren und *unter* dem begrifflich Verstehbaren spricht.

Hier erhebt sich sofort die Frage, worin denn, genau betrachtet, das «Einfache», das «Unmittelbare» von Laut bzw. Gebärde besteht. Denn sicher ist das Verständnis einer Geste als Gefühlsausdruck nicht ‹einfach›, denn sie stützt sich auf eine urteilsartige Einfühlung, durch die sie miterlebt verstanden wird. So ist beispielsweise die Interjektion *Ah* als Ausruf des Erstaunens, begleitet von der Geste sich nach oben spreitend streckender Arme, Ausdruck einer seelischen Regung, eben des Erstaunens, die wir als Beobachter einfühlend mitvollziehen können. Der Sprachlaut *A* ist der (meist unbeobachtete) Träger dieser emotionalen Expression, freilich ein sehr naheliegender, adäquater, da ihm genau die Sprachgebärde eigen ist, in welche sich der Ausruf als Seelengeste entsprechend lautmalerisch einschmiegen und so in ihr nachempfunden werden kann.

Zugleich ist auch die verweisende Geste keine einfach lautende. Was sich in ihr verlautbart, ist ein be-deutender Zug, der einen anderen Inhalt vermittelt. So ist der Verweis *Da!* eine Geste, die von sich weg auf etwas anderes weist, wohingegen die reine Silbe *DA* eine in sich geschlossene, sprechende Gebärde darstellt.

Was erleben wir an inneren Sprachgebärden im Wandel folgender Wortreihe: *Kuhle – Kühle – Kohle – Köhler – Kahl –*

108 Rudolf Steiner: Anthroposophie. Ein Fragment (GA 45), Dornach 2002, S. 29.

Kehle – Keil – Keule – Kiel. Die Gebärde wandelt sich von einer tief schmalen, unergründlichen über eine runde und sich wieder öffnende, klaffende bis zu einer scharf zuspitzenden Form.[109]

Oder welche Gebärden erfassen wir in den Wörtern verschiedener Sprachen mit derselben abstrakt-begrifflichen Bedeutung: *Baum – l'arbre – dérewo – tree.* Hier gebärdet sich ein Laut-Gebilde von einer runden, kronenumschließenden über eine weich, bauschig gegliederte zur steil, schmal aufragenden Form. Offensichtlich ‹sehen› die Angehörigen der verschiedenen Sprachgemeinschaften den genannten Gegenstand je anders und heben in ihrer sprachlichen Darstellung entsprechend verschiedene Gestaltgesten als Wesenszüge der Baumgestalt hervor. Das vernehmen wir deutlich, auch in uns unbekannten Wörtern, ohne ihren begrifflichen Inhalt zu kennen. Die Wortgestalten als solche ‹sagen› das, sie ‹bedeuten› das nicht (die Wörter bedeuten erst als Träger von Begriffen etwas).

Das frei Seelische

Gegenüber dem zwar innerlich webenden, doch im Raum verhallenden Ton zeigt der Laut als Lautgestalt oder Lautgebärde eine in sich feste, bündige Innerlichkeit. «Ein Laut wird nicht bloß seinem Tonwert nachempfunden, sondern

---

109 ‹Form› ist rein gestisch gemeint, nicht räumlich geometrisch. Es sei hier angemerkt, dass der Sprachsinn als Gebärdensinn keinen Sinn für äußere räumliche Formen oder Figuren meint, weil diese nicht sinnliche Wahrnehmungen sind (auch nicht des Bewegungssinnes, etwa beim visuellen Nachfahren derselben). Gebärde ist nicht einfach Form. Denn Gebärde ist primär seelischer, sprechender Ausdruck, also innen-dimensional, und nicht pur ausgedehnte Raumform. Eine sprechende Gebärde ist kein Raumgebilde wie eine geometrische Form und bildet auch nicht solche ab.

es wird mit ihm etwas viel Innerlicheres aufgefasst, als es der Ton ist. Wenn man sagt, im Tone lebt die Seele eines Körpers, so kann man auch sagen, im Laut offenbart sich dieses Seelische so, dass es losgelöst, befreit vom Körperlichen, mit einer gewissen Selbständigkeit in die Erscheinung tritt.»[110] Wo im Ton das innere Erzittern eines Körpers, die «Seele der Dinge», klingt, verlautbart der Laut ganz aus einem Seelischen, das, ‹vom Körperlichen befreit›, sich in einer Gebärde fasst. Wir treffen mit ihm auf eine seelische ‹Selbständigkeit›, die für den Lautsinn in der unkörperlichen, unhörbaren und doch physischen Gebärde vernehmbar ist.

Wir erfühlen diese freie, seelische Selbständigkeit sofort, wenn wir uns auf die oben angeführten Wortübungen einlassen. Ausgesprochen wirksam zeigt sie sich bei Rezitationen oder Lauteurythmie-Aufführungen. Allerdings muss hier deutlich gesagt werden, dass derartig aktiv mitgestaltete Erfahrungen in den Wortübungen oder künstlerischen Auffassungen die reine Wahrnehmung des Lautsinns übersteigen. Die Gestalten oder Gebärden, die wir in der obigen Wortreihe *Baum – l'arbre – dérewo – tree* aktiv gestaltend bemerkten, sind übersinnliche Gebilde des Sprachwesens, mit denen wir uns tätig mitvollziehend verbinden, sowohl im Auffassen als auch beim Sprechen. Beide Vorgänge sind geistige Tätigkeiten.

Im Sprechen bilden wir artikulierend Wortgestalten, Wortgebärden. Besonders rätselhaft oder wunderbar mutet uns dieser Vorgang an, wo wir in lautmalerischer Nachahmung natürliche Geräusche in Worte fassen, wo wir also einen Naturklang, in Anlehnung an diesen, in ein Wort

---

110 Siehe Anm. 108, S. 28.

übertragen. Was geschieht bei einer solchen sprechenden Übersetzung, beispielsweise von
... *schsch* ... (Wasserfall über ein Stauwehr) in *rausch(en)*
... *k...k* ... (Brechen trockener Zweige) in *knack(en).*

Offensichtlich: das Wort sagt gebärdenhaft ausdrucksvoll, es offenbart lautierend, was beim Geräusch nur hörbar, aber sprachlos abläuft.

Oder was vollzieht die sprachliche Ausgestaltung von folgenden räumlichen Bewegungsarten: *trippeln - watscheln - stolpern - schlottern - schleppen - humpeln?* Die stummen, stumpfen Bewegungsvorgänge bekommen in der sprachlichen Fassung einen ausdrucksvollen, darstellenden und mitteilenden Charakter, den das Sprachwesen aus seinen geistigen Quellen reproduzierend ihnen angedeihen lässt.[111] Eine Gipfelform erreicht die Sprachgestaltung im Gedicht, das Weltvorgänge, die sonst ungesagt blieben, zur Sprache bringt - genauer: als reine Sprachbewegung gebärdet. Aber wohlbemerkt: Sowenig eine musikalische Sonate ein Ereignis des bloßen Tonsinns ist, sowenig ist das Sprachgebilde ‹Gedicht› eine Wahrnehmung des bloßen Sprachsinns. Es ist ein nur künstlerisch zu vollziehendes (sinnlich-)übersinnliches Gebilde.

Nun aber, wo wir der *geistigen* Wesensnatur der Sprachgestalt, der wir uns durch übersinnlich tätige Hervorbringung inne werden, gewiss sind, stellt sich uns umso dringlicher die Frage, was an den Sprachereignissen als für den Lautsinn *sinnlich* wahrnehmbar in die physische Welt gehört?

---

111 Dieser Vorgang der Spracherfassung ist also keine imitatorische Nachbildung äußerer Vorgänge (wie dies die alte sogenannte Bimbam-Theorie der Sprachentstehung meint), sondern die Einstiftung einer geistigen Gestalt.

Der Sprechsinn

Es liegt auf der Hand: Sinnlich-physisch ‹da› sind die Sprachereignisse nur dort, wo sie gegenwärtig in der physischen Welt auch wirklich vollzogen werden, d. i. geschaffen, gestaltet und ausgesprochen werden – das ist im *Sprechen*, im artikulierenden Sprechakt durch den anwesenden, sprechenden Menschen. Was ereignet sich, wenn ein Gedicht gesprochen (rezitiert) wird, in der physischen Welt? Als geistiges Gebilde lebt es in der geistigen Welt und ist als solches nicht sinnlich wahrnehmbar, genauso wenig wie es die Sprachform eines Vortrags ist. Es ist der Rezitator oder der Redner, der hier und jetzt ein Sprachgebilde sprechend in der physischen Welt zur Erscheinung bringt. Wenn ich aber selbst spreche, bin ich tätig involviert in die hervorbringende Sprachgestaltung, deren Prozess ich innerlich erlebend begleite. Dieser Prozess ist nur dann ein sinnlicher Tatbestand, wenn ihn *andere* vollziehen und insofern für mich als Zuhörendem ein gegebener, wahrnehmbarer Inhalt in der physischen Welt ist. Sprechen ist in der sinnlichen Welt ein wesentlich kommunikativer Vorgang, der auf ein Vernehmen durch andere angewiesen ist. (Redet jemand für sich und vor sich hin, gilt er als etwas eigenartig oder eigenbrötlerisch.)

Was also vernimmt der Lautsinn? Was sind seine sinnlichen Wahrnehmungen? Der Gesprächspartner, der etwas sagen will, hat eine Sprechintention, mit welcher er in bestimmte Sprechakte eintritt, die das zu Sagende in bestimmte Laut- und Wortwendungen fassen und aus-sagen, d. h. in bestimmte Wortgebärden ausformen und ausdrücken. Dabei sind nicht die sprachgestalterischen oder gar die syntaktischen oder grammatikalischen Gesetzmäßigkeiten, nach denen er sich sprechend richtet, das Phänomen, dem der Lautsinn hingegeben ist, sondern der individuelle Einsatz im Sprechakt: *wie* der Sprechende die Sprache, in deren Geist er lebt, einsetzt, um etwas zu sagen, und nicht, was er sagt; *wie* er sie zum Ausdruck gebärdet, um etwas auszusagen; *wie* er sie individuell erfasst und ausspricht. Das ist seine individuelle Sprechweise.

In besonders erhellender, anschaulicher Weise beschreibt Rudolf Steiner in einem öffentlichen Vortrag diesen individuell-kommunikativen Zusammenhang von Sprechen und Vernehmen zwischen Menschen: «Jenen Verkehr mit dem Geiste, den der Mensch vielleicht auf die intimste Art pflegt, den jeder Mensch, ob Künstler oder nicht, mit dem Geiste pflegen kann, der sozusagen ganz in die feinsten Seelenverwebungen seines Wesens hineinwirkt, erlebt der Mensch in jener Eigentümlichkeit, die doch nicht in ihrer ganzen Bedeutung für das menschliche Leben übersehen werden soll, übersehen werden darf in dem Gehalt, in der Innigkeit – ich sage jetzt nicht des Wortinhaltes, sondern in der Innigkeit des Wie im Wortinhalt, in der Innigkeit des Lautcharakters, der Seele der Sprache. Die Sprache hat nicht nur den Geist, der sich äußert im Inhalt der Worte, die Sprache hat auch eine Seele. Und viel mehr als wir denken, wirkt gerade in dem Lautcharakter eine Sprache auf uns. Ganz anders wirkt in unserer Seele eine Sprache, welche *a* hat, ganz anders eine solche, die im Wortcharakter mehr *i* oder *u* hat. Denn in dem, was im Timbre des Lautcharakters liegt, ergießt sich wie im Unbewussten die Seele, die über die ganze Menschheit ausgegossen ist, über uns herüber. Das baut und wirkt an uns, und das kommt im Leben wieder als eine besondere

Art von Gebärde zum Ausdruck. Denn eine besondere Art von Gebärde ist auch die Sprache des Menschen, aber nicht insofern sie Ausdruck der Worte ist, sondern insofern sie Seele hat, wie der Mensch mit seiner Seele in der Sprache lebt und sich ausdrückt. Da können wir sogar ganz wichtige Unterschiede angeben. Jeder weiß, dass zu jenen eigentümlichen Imponderabilien, die von Mensch zu Mensch spielen, die Innigkeit gehört, *wie* ein Mensch spricht, ganz abgesehen davon, was er sagt. Wenn wir dieses berücksichtigen, werden wir uns sagen: Wir lernen viel, viel von dem Intimsten eines Menschen gerade dadurch kennen, wenn wir beobachten, wie ein Mensch spricht.»[112] Es ist die «Innigkeit des Wie», die «Innigkeit des Lautcharakters, der Seele der Sprache», in die sich der sprechende Mensch versetzt und die es ihm ermöglicht, so in ihr zu leben, dass er seine Art und Weise, ihr zu ent-sprechen, zum Ausdruck bringen kann. Und wir, indem wir ihm zuhören und durch den Lautsinn seine Äußerungen vernehmen, achten wahrnehmend auf seine individuelle Sprachgebärde: auf die Innigkeit, wie er spricht, wie er «mit seiner Seele in der Sprache lebt und sich ausdrückt».

Das ist – zugegebenermaßen für gewöhnlich uns nicht bewusst – das zentrale Sprachereignis zwischen Sprechen und Vernehmen in der physischen Welt: In dem Verhältnis zwischen der (subjektiven) «Innigkeit, wie er [der Mensch] spricht», und der (objektiven) «Innigkeit des Lautcharakters» liegt die Intimität des Sprechens begründet, die zugleich (sprechend) persönlich und (sprachlich) wesenhaft ausgelegt ist. Und in diese Intimität zwischen Sprechen und Sprache

112 Rudolf Steiner: Antworten der Geisteswissenschaft auf die großen Fragen des Daseins (GA 60), Vortrag vom 17. November 1910.

ist das rechte Zuhören und Vernehmen durch den Lautsinn eingetaucht. Seine Sprechweise vernehmend, durch die hörbare Stimme hindurch, gewahren wir – ohne urteilende oder einfühlende Vermittlung unmittelbar wahrnehmend –, wie der Mitmensch sprechend sich individuell mit dem Sprachgeist (einer Sprachgemeinschaft) verbindet. Deshalb ‹sagt› uns schon die bloße Sprechhandlung etwas (auch wo wir den gedanklichen Sachverhalt nicht verstehen). Wir vernehmen in der individuellen Sprech-Gebärde die Sprach-Gebärde, die jene ‹sagend› erfüllt: die ‹sprechende Gebärde› im Wort.

Bewegtes Vernehmen als Entsprechen

Der dem Sprechenden Zuhörende vernimmt dessen Worte, indem er gerade nicht selbst spricht – aber ihm doch entspricht, indem er zuhört und die sprechende Mitteilung sinnvoll vernimmt. Aber dieses Entsprechen geschieht nicht im Kehlkopf wie das laute Sprechen (auch wenn wir beim Zuhören dort eine gewisse schwache Erregung spüren können), sondern durch den Bewegungsmenschen, der in vernehmender Reproduktion die Sprechbewegung aufgreift, aber, selbst nicht sprechend, zurückhält. Denn es ist der ganze Bewegungsmensch, der sich zu Gebärden als Ausdruck eines Inneren entfalten (also sprechen) kann und der, insofern er sich der Ausführung eigener Gebärden (eigenem Sprechen) enthält, den Menschen zur Wahrnehmung von Gebärden anderer, eben des Sprechenden, befähigt. «Was im Kehlkopf vorgeht beim eigenen Sprechen, kommt so zustande, dass aus dem Seelischen heraus die Willensimpulse kommen und den im Kehlkopfsystem konzentrierten Bewegungsorganismus in Bewegung versetzen, während unser gesamter Bewegungsorganismus Sinnesorganismus ist für die Wortwahrnehmung. Nur, dass wir diesen Bewegungsorganismus, indem wir Worte wahrnehmen, in Ruhe halten. Gerade dadurch, dass wir ihn in Ruhe halten, gerade dadurch nehmen wir die Worte wahr und verstehen die Worte.»[113] «Die Fähigkeit, diese Bewegung zu machen, und insofern sie aus meinem ganzen Bewegungsorganismus kommt – denn jede kleinste Bewegung ist nicht bloß in einem Teile lokalisiert, sondern kommt aus dem ganzen Bewegungsorganismus des Menschen –, bewirkt etwas ganz Bestimmtes. Indem ich diese Bewegung nicht mache, mache ich dasjenige, was ich machen muss, damit ich irgendetwas Bestimmtes verstehe, was in Worten ausgedrückt wird durch einen anderen Menschen. Ich verstehe, was der andere sagt, dadurch, dass ich, wenn er spricht, diese Bewegung nicht ausführe, sondern sie unterdrücke, dass ich in mir den Bewegungsorganismus nur gewissermaßen bis in die Fingerspitzen errege, aber zurückhalte die Bewegung, also anhalte, staue. Indem ich dieselbe Bewegung staue, begreife ich etwas, was gesprochen wird.»[114] Der gesamte Bewegungsorganismus, in welchem sich die sprechenden Gebärden entfalten, ist zugleich, insofern er seiner Bewegungen bzw. Gebärden mächtig ist, d. h. «bis in die Fingerspitzen» erregt, sie aber im status nascendi zurückhält, das sensible Wahrnehmungsorgan des Laut- oder Wortsinns.[115]

---

113 Siehe Anm. 104, Vortrag vom 2. September 1916.

114 Ebd. Es ist nach dem Vorgängigen klar, dass hier mit «Begreifen» oder «Verstehen» natürlich ein rein sprachliches Vernehmen gemeint ist und nicht ein begriffliches Verstehen.

115 Umfangreiche experimentelle Forschungen auf dem Gebiet der Verhaltensforschung (der Kinesik) seit den 60er Jahren des vorigen Jahrhunderts (von William S. Condon) bestätigen, dass sowohl der Sprechende wie der Zuhörende praktisch simultan, also während des Sprechens und Zuhörens,

Diesen wunderbaren, unsichtbaren Vorgang im Hintergrund des Laut-Vernehmens beschreibt Rudolf Steiner einmal als ein inneres, unbewusstes und unterdrücktes Eurythmisieren: «Unser Zuhören, namentlich bei den Tätigkeitsworten, ist in Wirklichkeit immer ein Mittun. Das Geistigste zunächst im Menschen tut mit, es unterdrückt nur die Tätigkeit. [...] Wenn einer etwas erzählt, so hört der andere zu, indem er das, was in Lauten physisch lebt, in seinem Ich mittut, doch er unterdrückt es. Das Ich macht immer Eurythmie mit, und das, was wieder die Eurythmie an dem physischen Leib ausführt, ist nur das Sichtbarwerden des Zuhörens. Sie eurythmisieren also immer, indem Sie zuhören, und indem Sie wirklich eurythmisieren, machen Sie nur dasjenige sichtbar, was Sie unsichtbar sein lassen beim Zuhören. Die Offenbarung der Tätigkeit des zuhörenden Menschen ist nämlich Eurythmie.»[116]

Im Gespräch

Die erregten Eigenbewegungen des gesamten Organismus bilden nur dann einen Sinn, eben den Lautsinn, wenn sie nicht nur körperlich angestoßen (zurückgehalten erregt), sondern in einem inneren *Seelenvorgang*, der sie intendiert und anschaut, begleitet, also ‹sensibilisiert› werden. Rudolf

---

unwillkürlich gleichartige Mikrobewegungen der beweglichen Glieder des ganzen Körpers ausführen, die für die Sprachlaute charakteristische Muster zeigen. Sie sind im Ansatz zurückgehaltene, nicht ausgeführte spezifische Gebärden, mit welchen wir zuhörend die entsprechenden Gebärden des gesprochenen Wortes aufgreifen (siehe Peter Lutzker: Der Sprachsinn, Stuttgart 1996, S. 38 ff.; und Ernst-Michael Kranich: Der innere Mensch und sein Leib, Stuttgart 2003, S. 111 f.).

116 Rudolf Steiner: Erziehungskunst. Methodisch-Didaktisches (GA 294), Vortrag vom 25.8.1919.

Steiner spricht von einem «*Bild der Eigenbewegung* der Organe bei einem ausgesprochenen Laut», das diesem Seelenvorgang übersinnlich zugrunde liegt.[117] So kann man sagen: Dieser im «Bild der Eigenbewegung» sensibilisierte innere Seelenvorgang bildet – man könnte in Anspielung auf das Auge sagen: als Bewegungsnetzhaut – den Sinn für das ‹Wie der Innigkeit›, das mit der Seelenart der Sprechweise zum Ausdruck kommt.

Die Situation des Vernehmens, wenn wir dem Sprechen eines anderen Menschen zuhören, beschreibt Rudolf Steiner folgendermaßen: «In dem Hörenden ist der charakterisierte Seelenvorgang vorhanden, der nicht zum Bewusstsein kommt. Da er aber vorhanden ist, so tritt er dem [vernommenen] Laute entgegen. Dieser stößt an den Widerstand des Seelenvorganges und wird auf diese Art bewusst. Man hat sich nun nur vorzustellen, dass das Ich sich mit dem Laute verwebt, nachdem er von dem Seelenvorgang aufgehalten ist, so hat man einen Begriff von dem [vernehmenden] Bewusstwerden des Lautes. Es ist der an dem eigenen Seelenvorgang erzeugte Widerhall des Lautes, welcher zum Bewusstsein des Ich gelangt. Der Laut lebt in diesem Falle erst beim Sprechenden; dann wird er zurückgeworfen am eigenen Seelenvorgang des Hörenden; und nach der Zurückwerfung lebt er [bewusst] in dem Zuhörer.»[118] Zurückgeworfen am Seelenvorgang des Zuhörenden, der dem Laut eine Intention zu sprachformierten Eigenbewegungen entgegenstellt, ohne diese in expliziten Sprachgebärden auszuführen, wird der gesprochene Laut in den so nur angeregten Bewegungsgebärden aufgefangen, darin gewissermaßen ausgelegt und als Widerhall des (die

117 Siehe Anm. 108, S. 191 (kursiv durch die Autoren).

118 Siehe Anm. 108, S. 193. – In eckigen Klammern Einfügungen durch die Autoren.

erregten Bewegungsgebärden gegenwerfenden) Seelenvorgangs wahrgenommen.

Fassen wir zusammen: Der Sprachsinn ist ein ausgesprochener Sprech-Sinn, ein Sinn für die charakteristische individuelle Sprechweise des anderen innerhalb der Vorgaben der Sprachgemeinschaft, in der er lebt, spricht und vernimmt. «Das objektive [physische] Dasein des Lautes ist in dem Sprechenden.[119] Der Hörende bezieht den Laut auf diesen Sprechenden. In welcher Art geschieht dieses? Doch nur so, dass der Hörende mit dem Laute zugleich den Eindruck verbindet: der Laut geht aus von einem Wesen, das mir gleich ist»[120], mir gleich als ebenso zum Sprechen Befähigter.

Was wir durch den Sprachsinn in der physischen Welt vernehmen, «was in Lauten physisch lebt»,[121] das sind die individuellen Gebärden der Sprachweisen, in denen der Sprechende sich im Moment des Sprechens ausdrückt und mitteilt und die wir im ‹Widerhall› unseres Zuhörens – am ‹inneren Seelenvorgang›, der uns als Sprachbegabten zuhörend eignet, zurückgeworfen – vernehmen. Die Lautgebärde erscheint dabei in der erregt-zurückgehaltenen, ihr korrespondierenden Bewegungsgebärde ausgelegt. Als solche wird sie durch den Lautsinn sinnlich wahrgenommen, d. i. vernommen – es sei nochmals wiederholt: nicht primär gehört.

---

119 In eckigen Klammern Einfügung durch die Autoren. – Wir möchten an dieser Stelle im Sinne des oben Ausgeführten hervorhebend ergänzen: und nicht in einer an sich bestehenden Welt der übersinnlichen Sprachgestalten oder gar niedergelegt in Büchern, die wir angeblich mit dem Sprachsinn und Begriffssinn lesen.

120 Siehe Anm. 108, S. 196.

121 Siehe Anm. 116.

Dank des Sprachsinns *lebt* die Sprache im Gespräch; denn nur vernommen, d. h. entsprochen, spricht sie auf dem physischen Plan. Und seinen ihn organisierenden Bewegungen des ganzen Menschen, die zugleich angeregt und zurückgehalten werden und durch die wir so die Sprache des anderen vernehmen, diesen Gebärdenkeimen, die allem Sprechen und Vernehmen zugrunde liegen, entspringt das «Erquickliche» des Gesprächs.[122] Mit ihnen lebt die Frische des glückenden Gesprächs auf, das ganz der Innigkeit, wie der andere spricht und darin dem Lautwesen entspricht, hingegeben ist. – Freilich, das Gespräch dient vor allem dem Verstehen dessen, wie der andere, sich äußernd, denkt. Dem wendet sich der nächst höhere Sinn, der Gedanken- oder Begriffssinn, zu. Durch die Lebensvorgänge, welche diesem Sinn zugrunde liegen, erfährt das Gespräch eine noch tiefergehende Erquickung.

122 Im «Märchen» Goethes antwortet die Schlange auf die Frage des goldenen Königs: «Wo kommst du her?» – «Aus den Klüften [...], in denen das Gold wohnt.» – «Was ist herrlicher als Gold?», fragte der König. – «Das Licht, antwortete die Schlange.» – «Was ist erquicklicher als Licht?», fragte jener. – «Das Gespräch», antwortete diese.

Begriffs- oder Gedankensinn

Der Begriffs- oder Gedankensinn, durch den die geäußerten Gedanken des Mitmenschen unmittelbar wahrgenommen werden, bildet das Herzstück des sozialen Zusammenlebens, insofern erst durch ihn die kommunikativen, oberen Sinne die eigentliche Verständigung unter Menschen erreichen und das Einander-Verstehen in den Mitteilungen oder Gesprächen gewährleistet wird.

Ich entschließe mich, den Vortrag eines prominenten Redners zu besuchen. Weil ich dessen Veröffentlichungen schätze, bin ich gespannt auf seine persönliche Präsentation und Art des Denkens. Ich erwarte originäre, authentische mündliche Ausführungen. So folge ich im Zuhören interessiert und unvoreingenommen seinen Gedankengängen und kann sie – der Vortrag war gut und konsequent aufgebaut – bruchlos mitvollziehen. Am Ende bin ich hell begeistert und voller Zustimmung. – Später, wieder zuhause, gehe ich, um die Eindrücke in mir zu festigen, die vorgebrachten Gedanken noch einmal durch, nun auf der Grundlage der Erinnerungen und meiner Notizen. Indem ich so nachdenkend den ganzen Vortrag rekapituliere, stoße ich zu meiner Überraschung auf Unverständlichkeiten, Ungereimtheiten oder gar Widersprüche in den Ausführungen: Da oder dort stimmt inhaltlich doch etwas nicht. Betroffen frage ich mich, warum mir dies während des durchaus wachen Zuhörens entgangen ist und ich allem zugestimmt habe. Was ist passiert? Unterlag ich der Suggestion des charismatischen Redners – oder belauschte ich hingegeben die überzeugenden Handgriffe seines originären Denkens? War ich von faszinierenden Gedanken verführt – oder habe ich seine Gedanken einfach wahrgenommen, wie er sie gab, gänzlich unberührt von Fragen ihrer sachlichen Gültigkeit? Habe ich also einen Gedanken verstanden als Denker oder eben den Redner?

Im Gespräch miteinander achten wir weniger auf die Stimme oder Sprache des Sprechenden als auf die Aussage, auf seine Gedanken, um sie zu verstehen. Das ist ja der Sinn der Mitteilung. Indem wir zuhörend den anderen verstehen, nehmen wir die Gedanken, die er uns mitteilt, mit Verständnis auf. So sehr das verständige Zuhören auch von eigenen Urteilen und Erkenntnissen durchsetzt und unterstützt wird, diese ermangelten doch des objektiven, realen Grundes, wenn sie nicht auf elementare, unmittelbare Wahrnehmung der vorgebrachten Gedanken fußten. Das urteilende Verstehen verfehlte die Anbindung an die Wirklichkeit des anderen Denkens und bliebe bloße Vermutung durch Schlussfolgerung, so klug oder einfühlsam es auch auf die Darlegungen des anderen einginge. Erst in der unmittelbaren, urteilsfreien Wahrnehmung berührt das Verstehen den Gedanken des anderen und gibt der Verständigung die objektive Grundlage. Den vorgebrachten Gedanken des anderen selbst wahrzunehmen ohne jeden urteilenden Zugriff, das wäre das originäre Gebiet des Gedanken- oder Begriffssinns, durch den ich den anderen in seinem Denken verstehe. «Wenn man einen Menschen, der sich durch Lautsprache, Gestus usw. mitteilt, versteht, so wirkt in diesem Verständnis zwar vorwiegend das Urteil, Gedächtnis usw. Doch führt auch hier eine rechte Selbstbesinnung dazu, anzuerkennen, dass es ein unmittelbares Erfassen, Verstehen gibt, das allem Überlegen,

Urteilen vorangehen kann. Ein Gefühl für diese Tatsache erlangt man am besten dadurch, dass man sich klar macht, wie man auch das verstehen kann, wofür man es noch gar nicht zu einer Urteilsfähigkeit gebracht hat. Es gibt nämlich eine ganz unmittelbare Wahrnehmung auch für das, was sich im Begriffe offenbart, so dass man von einem *Begriffssinn* sprechen muss. Der Mensch kann das, was er in eigener Seele als Begriff erleben kann, auch von einem fremden Wesen offenbarend empfangen.»[123] Eine «rechte Besinnung» muss aber zuvor den Unterschied zwischen beiden Begriffserfahrungen, zwischen derjenigen, die im tätigen Denken geistig hervorgebracht wird, und jener, die für den empfangenden Begriffssinn sinnlich gegeben ist, deutlich machen.

Die Welt des Gedankens

Für die Aufdeckung der gegenüber dem Sprachsinn eigenen Modalität des Begriffssinns ist es zunächst wichtig, sich den Wesensunterschied von Wort und Begriff vor Augen zu halten. Beobachten wir an einem Beispiel der Entwicklungspsychologie, wie der Mensch die Fähigkeit erlangt, aus der sprachlichen Darstellung die Bedeutung der Aussage, aus dem Wort den gedanklichen Sinn, aus der Wortgestalt die begriffliche Beziehung herauszuheben und als solche zu verstehen. Wenn ein Kleinkind selbst Wörter sprechen lernt, ist es nicht sofort einsichtig, ob es bei Nennung einer Sache nur einen gehörten Namen wörtlich wiederholt, ohne mit ihm etwas Gedankliches zu verbinden, oder ob es mit dem Namen die gemeinte Sache auch versteht, also einen be-

---

123 Rudolf Steiner: Anthroposophie. Ein Fragment (GA 45), II. Kap., Dornach 2002, S. 29 f.

grifflichen Zusammenhang ausspricht. Hört es zum Beispiel das Wort ‹Tür›, so ist es zunächst eine sprechende Gebärde, die es vernimmt und mit der es lernt, eine bestimmte Erscheinung in seiner Umwelt zu benennen: ‹Tür›, das ist ein schmaler, beweglicher Flügel, der hin und her schlägt. Aber es *versteht* die ‹Tür› über diese Wortgebärde hinaus erst dann, wenn es ihre Funktion einsieht – als eine Vorrichtung zum Öffnen und Schließen eines Durchlasses –, wenn es also die veränderliche Beziehung zwischen zwei Räumen, einem Inneren und einem Äußeren, kennt. Die Einsicht in diese Beziehung kann derart überraschend einschlagen, dass das Kind sie, von allen konkreten Umständen absehend, in vielen gleichartigen Verhältnissen entdeckt; sie kann ihm so blitzartig aufgehen, dass es sie gewissermaßen ‹abstrakt› erfasst: ‹Türen› sind dann Haustüren, Gartentore, Fensterläden und Wasserhähne, nämlich dieselbe Beziehung, unabhängig von den diesen entsprechenden verschiedenen Wortgebärden.[124] Ein schönes Beispiel für die plötzliche Einsicht in eine reine Begriffsbeziehung erlebte ich bei meiner Tochter: Ich begleitete sie an einem frühen Wintermorgen auf dem Weg

124 Von dieser Geschichte eines 15 Monate alten Kindes berichtet Karl König in seinem Buch: Die ersten drei Jahre des Kindes, Stuttgart 1968, S. 87. Rudolf Steiner betrachtet diesen Übergang vom sprechenden Wort zur verständigen Vorstellung als einen grundsätzlichen, aufeinander aufbauenden Blickwechsel, dem ein ebensolcher auf der Sinnesseite entspricht – vom Lautsinn zum Begriffssinn: «Sprechen lernt das Kind, weil es hören kann, weil es hinhorchen kann auf das, was der Lautsinn wahrnehmen kann, und das Sprechen selbst ist dann die bloße Nachahmung. Daher werden Sie auch finden, dass das Kind immer Sprachlaute nachahmt, lange bevor es irgendetwas versteht, was schon eine Vorstellung ist. Betrachten und beobachten Sie genau, und Sie werden sehen, dass es so ist: Zuerst entwickelt sich der Lautsinn, und an dem Lautsinn erst entwickelt sich der Begriffssinn.» (Anthroposophie, GA 115, Vortrag vom 27. Oktober 1909).

zum Kindergarten. Wir sahen beim Gehen den Mond hoch am Himmel durch das Geäst eines kahlen Baumes ziehen. Plötzlich blieb sie, den Blick unverwandt auf den Mond gerichtet, stehen, ging ein Stück weiter, hielt wieder an, ging weiter ... Dann, nach diesem wiederholten Experimentieren, kam die Erkenntnis, die sie so formulierte: «Immer, wenn ich stehe, steht auch der Mond still, und immer wenn ich gehe, geht auch der Mond.» Das war die Einsicht in die Beziehung ‹Wenn – Dann›, die Intuition eines Gedankens. Sie hat in einem eigenen Denkakt den Gedanken erfasst, der den (nicht-trivialen) Zusammenhang von Eigenbewegung auf der Straße und Mondbewegung im Netz (Koordinatensystem) des fixen, mit der Straße ruhenden Baumgeästs aufklärte.

Der Denkvorgang ist ein innerseelisch ablaufender geistiger Akt und muss vom denkenden Menschen selbst vollzogen werden. Nur durch und in diesem tätigen Vollzug ist die begriffliche Beziehung einsehbar. Diese, der Begriff, ist übersinnlich durch Intuition gegeben. Er kann nicht von außen vermittelt oder übertragen werden. Erklärungen oder Definitionen sind allenfalls Anweisungen, ihn im eigenen intuitiven Denkakt selbst zu bilden. Das ist elementarste Selbsterkenntnis des Denkens: Im individuellen Denkakt wird der universelle Denkinhalt, der Gedanke, ergriffen und übersinnlich angeschaut, intuitiv begriffen.

Der Denksinn

Was wir durch den Gedankensinn sinnlich wahrnehmen, kann also unmöglich der übersinnliche Gedanke in seiner inhaltlichen Bestimmtheit sein: weder der, welcher in den Dingen steckt, mit denen wir verständnisvoll, sinnvoll umgehen und den wir durch einen eigenen Erkenntnisakt aufdecken; noch der, welchen uns andere vordenken und mündlich oder schriftlich mitteilen und den wir wieder aktiv in uns nachvollziehen müssen, um ihn als solchen zu verstehen. Der Gedankeninhalt ist also nicht Inhalt der Sinneswahrnehmung. Die Selbsterfahrung zeigt auch deutlich, dass wir im reinen Zuhören, indem wir eben nicht selbst denken, tatsächlich nicht auf den Gedankeninhalt achten, sondern darauf, wie ihn der andere, der ihn jetzt denkt, vorbringt und dem Zuhörenden gegenüber sprachlich darstellt, wobei die Sprachgebärde mehr oder weniger adäquat der tätigen Denkbewegung folgt und sie ausdrückt.[125] Wir sind, unter Verzicht auf eigenes Denken, dem Denken des anderen hingegeben. Wir folgen ihm, lassen uns von der Folgerichtigkeit seines Denkens (nicht logisch, inhaltlich, wahr oder sachlich) mitnehmen. Wir sind zuhörend an *seinem* Gedanken interessiert, d. h. daran, wie *er* ihn bildet; das wollen wir kennen lernen. Wir blicken auf den Denkvorgang des anderen, wie dieser ihn hier und jetzt betätigt, um einen Gedanken zu fassen. Das ist die konkrete Wahrnehmungssituation des Gedankensinns, der, wie jeder Sinn, immer nur individuelle, einzelne Eindrücke im Verstehen des anderen wahrnimmt (und eben nicht

125 Auch bei einer ‹guten› Formulierung, in der die Sprachgebärde der Denkbewegung adäquat ist und dieser sachgemäß entspricht, sind wir uns beim Zuhören jedoch des wesentlichen (modalen) Unterschiedes beider bewusst; sonst verstünden wir nicht den vorgebrachten Inhalt, dessen im Denken bewegte Innerlichkeit niemals in einem Sprechgebilde aufgeht. Insofern bleibt gerade der sprachliche Ausdruck vor dieser Innerlichkeit des Inhaltes stehen und lässt sie in der Gedankenwahrnehmung frei für sich selbst erscheinen. «Wo Sie aber vor dem lebendigen Menschen mit seiner seelischen Innerlichkeit stehen, hüten Sie sich schon durch die Sprache davor, die Innerlichkeit in das Wort hineinzunehmen.» (Rudolf Steiner, Psychosophie, GA 115, Vortrag vom 2. November 1910)

den universellen, gleichsam ewigen Gedankeninhalt). Nur das, wie, auf welche individuelle Art und Weise der andere einen Gedanken ergreift, und zwar ganz konkret in diesem Augenblick hier in der physischen Welt mir gegenüber, ist eine Realität der Sinneswelt. Der Ausdruck ‹Begriffssinn› meint also, genauer besehen, einen ‹Griffsinn› (‹Denkgriffsinn›), der Ausdruck ‹Gedankensinn› einen ‹Denksinn› (‹Denkaktsinn›). Die objektive Sinneswahrnehmung des Denksinns muss ich in den Tatsachen der individuellen Denktätigkeit hier und jetzt suchen, und zwar in der Tätigkeit des *anderen*, der sie insofern zur *gegebenen* Welttatsache für meine Wahrnehmung macht, als *er* sie konkret vollzieht, also wirklich denkt. Nicht der ewige Inhalt, den der andere im Denken ergreift, bildet die Wahrnehmungstatsache des Begriffssinns, sondern der Tatbestand des individuellen Denkakts, diese einmalige, einzigartige Tathandlung, mit welcher der andere Mensch denkend Begriffe ergreift – sie sucht, auf sie zugeht, sie umkreist, zugreift und in eigen-artiger Gedankengebärde umschließt: sie ‹formuliert›. Das macht jeder in jedem Augenblick anders. Diese individuelle Gebärde seines ganz ureigenen Denkaktes wird durch den Begriffssinn wahrgenommen, und zwar nur solange er wirklich währt; denn nur im Augenblick seines Vollzugs stellt er eine wahrnehmbare Realität dar.

Wir kennen gut den kahlen Eindruck, den wir haben, wenn ein Gesprächspartner oder Vortragender nicht-denkend redet oder wenn er einen an sich zwar sinnvollen Text ohne neue Gedankenhervorbringung nur verliest. Andererseits kennen wir auch den Fall, dass wir den Redner, sofern er einen Gedanken konsequent vor-denkt, selbst dann verstehen, wenn er sich mal verspricht. Sind wir seinen gedanklichen Ausführungen wirklich hingegeben, ‹überhören› bzw. ‹durchhören› wir ihren sprachlichen Ausdruck, auch dort, wo er ungeschickt oder gar verfehlt ist. Das belegt die eigenständige, spezifische Sinnesmodalität des Gedankens gegenüber der des Wortes, wie ja auch der Gedankengehalt selbst die Wortgestalt seines Ausdrucks sinnhaft übersteigt. Niemals ist der mitgeteilte in sich gegründete Gedankenzusammenhang aus dessen sprachlicher Darstellung ableitbar, weder für seine Wahrnehmung durch den Denksinn noch für seine selbstgedachte Rekonstruktion. «Aber wiederum, wenn ich das Wort wahrnehme, so lebe ich mich nicht so intim in das Objekt, in das äußere Wesen hinein, als wenn ich durch das Wort den Gedanken wahrnehme. Da unterscheiden die meisten Menschen schon nicht mehr. Aber es ist ein Unterschied zwischen dem Wahrnehmen des bloßen Wortes, des sinnvoll Tönenden, und dem realen Wahrnehmen des Gedankens hinter dem Worte. [...] Aber im lebendigen Zusammenhange mit dem Wesen, das das Wort bildet, unmittelbar durch das Wort in das Wesen, in das denkende, vorstellende Wesen mich hineinversetzen, das erfordert noch einen tieferen Sinn als den gewöhnlichen Wortsinn, das erfordert den *Denksinn*, wie ich es nennen möchte.»[126]

Durch den Denksinn erfahren wir etwas über die Art, wie der denkende Mitmensch seine Gedanken, Vorstellungen, Urteile, Meinungen, Fragen etc. auf seine Weise hervorbringt und ergreift.[127] Wir lauschen in seine Denkvollzüge und

126 Rudolf Steiner: Das Rätsel des Menschen (GA 170), Vortrag vom 12. August 1916.

127 Rudolf Steiner spricht im Vortrag vom 17. November 1910 (GA 60) von der «Denkungsart», der «Denkweise», oder im Vortrag vom 2. September 1916

nehmen deren individuelle Qualitäten wahr: die konkreten Denkgebärden, ob linear oder kreisend, ob entwickelnd oder dialektisch, ableitend oder steigernd, ob entfaltend oder pointierend usw., ihre Stetigkeit, Kohärenz und Konsequenz, wie griffig oder triftig sie verlaufen. Kurz: Es ist die innere *Stimmigkeit* des Denkverlaufs, die wir beim Zuhören und Verfolgen eines Denkvollzugs des anderen empfinden.

Die Stimmigkeit des anderen Denkens sagt nichts über die Wahrheit, über die Logik des vorgebrachten Gedankens, sondern ‹nur›, wie der andere sich denkend in diesen Gedankenzusammenhang stellt, seine individuelle Intuition ergreift und deren Wahrheit vorbringt. ‹Seine› Wahrheit offenbart sich mir in der gewissermaßen paralogischen Stimmigkeit, in die ich wahrnehmend einstimme – ohne (aus meiner Sicht) zuzustimmen oder übereinzustimmen (dazu müsste ich selbst denken, um die Denkresultate wahrheitsgemäß zu prüfen bzw. die des anderen mit meinen zu vergleichen).

Denkt der andere, so lebt er – mehr oder weniger bewusst – in Intuitionen, durch die er seine Begriffe fasst. Verstehe ich als aufmerksam Zuhörender diese, erweise ich mich also als verständig für *seine* individuellen Intuitionen, dann deshalb, weil ich sie als stimmig empfinde. Stimmigkeit ist die sinnliche Wahrnehmung der intuitiv erlebten Wahrheit des anderen durch meinen Denksinn. Sie durchzieht alle die oben genannten Qualitäten der individuellen Denkarten und macht sie als Charakterzüge von Denkvorgängen wahrnehmbar. Diese so qualifizierte Stimmigkeit gibt den gedankenartigen Faden, dem ich im Zuhören folgen kann.

(GA 170) von der «Denkdisposition», die wir am Denken des anderen durch den Denksinn wahrnehmen.

So verstehe ich den Gedankengang des anderen und darin dessen Gedanken.

Der Vorstellungssinn

Zum Denkvollzug, dem sich der Denksinn zuwendet, gehört neben dem Wahrheitserlebnis wesentlich seine klare Durchsichtigkeit und selbstbewusste Vergegenwärtigung; sonst wäre es kein Denken. Das ist die subjektive Seite der Intuition, die *Evidenz* der Wahrheit. Auch diese in sich evidente Vergegenwärtigung des Denk-Ereignisses muss in irgendeiner sinnlichen Form Erfahrung für den Denksinn werden, soll er ein wirkliches Verstehen des anderen Denkens vermitteln. In der Tat, wir blicken mit dem Denksinn auf die individuelle Denkgebärde, wie der andere seine Gedanken bildet *und* anschaut: sich also evident vergegenwärtigt, d. h. vor sich hinstellt, vor-stellt; wie er sie meint und ansieht, also in sein Bewusstsein ruft. Ein Gedanke ist für den Denkenden nur insofern sein Gedanke, als er sich dessen Bildung in einer sie vergegenwärtigenden Vorstellung bewusst ist. Auf diese Vorstellung im weitesten Sinne als «subjektive Repräsentation»[128], als Bewusstseinsinhalt des anderen, stellt sich der Denksinn ein.

Das ist der Hintergrund dafür, dass Rudolf Steiner in seiner ersten Darstellung den Begriffssinn als einen «Vorstellungssinn» einführt. Er verwendet den Terminus ‹Begriffssinn› wegen der möglichen Missverständnisse, die wir oben berührt haben, mit Vorbehalt: «Selbstverständlich dürfen Sie das Wort [‹Begriffssinn›] hier nicht in dem Sinne des reinen Begriffes

---

128 Rudolf Steiner: Die Philosophie der Freiheit (GA 4), VI. Kap.

nehmen, sondern in dem Sinne, wie man im gewöhnlichen Leben spricht; dass man sich, wenn irgendjemand einem etwas sagt, irgendein Wort sagt, eine Vorstellung davon machen kann, was dieses Wort bedeutet. Ebenso gut hätte also Vorstellungssinn gesagt werden können.»[129]
Mit dem Vorstellungssinn nehmen wir wahr, wie der andere sich einen bestimmten Gedankenzusammenhang vorstellt: seine individuelle Ansicht, seine subjektive Repräsentation desselben, seine «in der Seele sich vollziehende Vergegenwärtigung irgendeines Denkinhaltes».[130] Aus seiner Perspektive, in die wir uns wahrnehmend einstimmen, hat sie ihre ‹Richtigkeit›, ihre Stimmigkeit. Das empfinden wir deutlich beim verständigen Zuhören.

Die Art seines Zugriffs auf einen Begriff bestimmt, was der denkende Mensch damit meint. Die Ansicht bzw. Vorstellung von einem bestimmten Zusammenhang hängt von der Intention ab, mit der er diesen betrachtet und verfolgt. Ein Beispiel soll das erläutern. Ich verfolge wahrnehmend, wie jemand folgenden Gedanken ausführt: «Füge ich eine gleiche Menge zu einer anderen, verdopple ich sie.» Er mag diese gedankliche Operation etwa damit veranschaulichen, dass er die eine zur Faust geballte Hand zu der anderen legt und so verdoppelt. Das verstehe ich, ohne nachzudenken. – Dann wechselt er die Intention und äußert einen neuen Gedanken: «Teile ich eine Menge, verdopple ich sie.» Er begleitet diese Operation mit der Trennung der zusammengelegten Doppelfaust in zwei Fäuste. Auch das ist unmittelbar verständlich, weil er auch diese veränderte Intention konsequent verfolgt. Beide

129 Rudolf Steiner: Anthroposophie (GA 115), Vortrag vom 26. Oktober 1909.
130 Ebd., Vortrag vom 12. Dezember 1911.

dargestellten Sichten erscheinen, jede für sich, als stimmig. Erst wenn ich beide Aussagen in den Resultaten vergleiche, also über sie selbst nachdenke, entdecke ich erstaunt, wie zwischen beiden Stimmigkeiten ein Widerspruch aufsteigt (dasselbe Resultat nämlich, Verdopplung einer Menge, durch antagonistische Vorgänge wie Verbinden *und* Teilen), – bis ich diesen Widerspruch aufhebe durch eine Differenzierung des Mengenbegriffs (Menge als Volumen *oder* als Anzahl). Jetzt erkenne ich durch eigene Denkaktivität Unterschied und Zusammenhang der beiden in der bloßen Wahrnehmung unverbundenen Vorstellungen, die ich einzeln jede für sich (ohne Vergleich) verstanden, d. h. durch den Vorstellungssinn wahrgenommen habe.

In der Vorstellung individualisiert der denkende Mensch einen Begriff. Sie bekundet die Art, wie jemand eine Sache ganz individuell sich vorstellt und inwiefern er diese mit einem bestimmten Namen versieht, mit dem er seine Vorstellung bezeichnet. Als solche bietet sie die wahrnehmliche zusammenhanglose Einzelheit, die mit dem Vorstellungssinn, durch den Namen gekennzeichnet, wahrgenommen wird: wie der andere hier und jetzt denkend einen gedanklichen Sachverhalt in sich bewusst macht, also eine bestimmte Beziehung von Dingen herstellt und vor sich hinstellt, d. i. vorstellt, ansieht und meint.

Der Verstehenssinn

Ich blicke wahrnehmend auf die Denkgebärde, mit welcher der Denkende vorstellend etwas versteht – und darin *sich selbst versteht*, nämlich etwas für sich durchsichtig macht. Dieses innere, sich vor sich selbst vergegenwärtigende Moment im

Denkakt des anderen ist der tiefste Punkt der Gedankenwahrnehmung. Denn ich verstehe durch den Vorstellungssinn den Gedankengang des anderen nur insofern, als er ihn in diesem Augenblick selbst versteht (denkt). Ich verstehe (durch den Denksinn sinnlich wahrnehmend), wie er sich selbst (übersinnlich tätig denkend) versteht. Dieses Sich-Verstehen im Vorstellungsakt ist das Urphänomen des Vorstellungssinns und die wahrnehmliche Bedingung dafür, dass ich den anderen in seinem Denken verstehen kann. Die Stimmigkeit, mit welcher ich wahrnehmend davon beeindruckt bin, wie der andere einen Gedanken vorstellt und versteht, wurzelt in dem Ereignis des sich denkend mit sich selbst abstimmenden Sich-Verstehens des anderen, in dem der Gedanke evident aufleuchtet. Sie ist eine durch Denken erzeugte In-sich- und Für-sich-Stimmigkeit des hervorgebrachten Gedankens, in die ich wahrnehmend einstimme. Wer nicht oder nicht konsequent (seiner Intention folgend) denkt, versteht sich selbst nicht. Und da findet der Begriffssinn keine Wahrnehmung. Bloße Erinnerungen (erzählte Erinnerungsvorstellungen), schematische Reproduktionen (Bildvorstellungen) oder beliebige Assoziationen (Fantasievorstellungen) sind keine Tatsachen, keine Wahrnehmungsinhalte des Begriffssinns, genauso wenig wie (vorgelesene oder selbst gelesene) Texte, die erst durch tätiges Nachvollziehen Sinn machen, oder konventionelle Zeichen, deren Bedeutungen nur durch urteilende Verabredung bekannt sind.

In dem Ereignis des im Denken eines allgemeinen Gedankens sich ereignenden Verstehens dieses Gedankens für sich, also des denkenden, vorstellenden Sich-Verstehens, ist der andere als denkendes Wesen hier und jetzt präsent.

Mit diesem Akt stellt er sich tatsächlich und konkret in die physische Welt. Seine denkende Tathandlung bildet eine Tatsache, die der Mitmensch wahrnehmen kann. Sie ist dadurch sinnlich gegeben, dass sie wirklich durch den einzelnen zum Denken entschlossenen Menschen hier und jetzt in der physischen Welt stattfindet – und nicht durch Erinnerung oder Offenbarung aus einer anderen Welt nur stellvertretend hereinspielt. Sie muss als originärer, von sich selbst zeugender und sich selbst verstehender Sachverhalt da sein, der als solcher einen positiven, sich gebenden Inhalt für die Wahrnehmung darstellt. Ein nur repetierter Gedanke kann nicht wahrgenommen werden.

Der verstehende Mensch

Übersinnlich ist der Denkakt ein intuitiver, im Geistigen verlaufender Vorgang, durch welchen der Mensch sich selbst verstehend, tätig-anschauend, sich einen geistigen Inhalt aneignet und dessen Wahrheit erlebt. *Sinnlich* erscheint dieses Sich-Verstehen für den anderen als Stimmigkeit, in welcher der Wahrnehmende den Denkenden versteht.

Wir hätten keinen Sinn für die Phänomene des Sich-Verstehens, wenn wir nicht selbst denkende, sich verstehende Wesen wären und so dieses Urphänomen nicht unmittelbar an uns selbst kennen würden. Aber indem wir zuhörend den anderen verstehen, halten wir uns mit eigenen Akten des selbstdenkenden Verstehens zurück, entäußern wir uns des Denkens. Wir aktivieren zwar unsere Denkmöglichkeiten auf dem Boden unseres im Laufe des bisherigen Denklebens ausgebildeten Begriffsorganismus (in den wir das Denken des anderen aufnehmen), ohne aber ihnen in wirklichen Akten nachzugehen. Dieser Begriffsorganismus umfasst die in unserem Lebensorganismus niedergelegten Denkerfahrungen (Begriffsformen als habituelle Denkdispositionen) und bildet als Begriffsnetz gewissermaßen die Netzhaut des Sinnesorgans, das für das Verständnis des Denkvorgehens anderer sensibel ist. «Beim Wahrnehmen eines Begriffes erweisen sich die im vorangegangenen Leben des Menschen erworbenen Begriffe als dasjenige, was den neuen Begriff aufnimmt. Der Mensch erweist sich für einen neuen Begriff, der an ihn herantritt, in dem Maße verständig, als er vorher diese oder jene Begriffe aufgenommen hat. In dem Verstehen eines Begriffes liegt demnach ein Sich-Öffnen des Menschen nach außen und eine Einsenkung des Aufgenommenen in das Gefüge des bereits vorhandenen Begriffsorganismus. Das Leben, das sich da entfaltet, blüht nach außen auf und wurzelt sich in den Begriffsorganismus ein.»[131] Wir erweisen uns für die Gedanken des anderen umso sensibler, je feinmaschiger durch früheres Nachdenken unsere Begriffsorganisation ausgebildet ist, die, zurückgestellt und entäußert, den Blick des Denksinns für die Stimmigkeit der vorgebrachten Gedanken schärft.

Wie empfinden wir durch den Denksinn die Stimmigkeit? Was in uns bildet das Sinnesorgan dafür? Eine genauere Beobachtung macht spürbar, dass wir die Stimmigkeit der Gedankengänge anderer in einer Art Echo über den ganzen Lebensorganismus in uns empfinden, insofern er als Begriffsorganismus in uns agiert, also nicht die Lebensvorgänge

---

131 Rudolf Steiner: Anthroposophie (GA 45), S. 66. Und in einem Manuskript-Entwurf heißt es (ebd., S. 151): «Wenn ein Begriff nicht, nachdem er erlebt ist, spurlos verschwindet, sondern im Innern des Menschen festgehalten wird, dann entsteht aus ihm etwas, was einem neuen Begriffe zum Verständnis verhilft.»

organisiert, sondern, angelehnt an den physischen Leib, frühere Gedankenverknüpfungen in Form von Engrammen (habituellen Dispositionen) bewahrt. «Wahrnehmungsorgan für die Gedanken des anderen ist alles dasjenige, was wir sind, insofern wir in uns Regsamkeit, Leben verspüren. Wenn Sie sich denken, dass Sie in Ihrem ganzen Organismus Leben haben und dieses Leben eine Einheit ist [...], so ist dieses in Ihnen getragene Leben des gesamten Organismus, insofern es sich ausdrückt im Physischen, Organ für die Gedanken, die uns von außen entgegenkommen. [...] Das ist nicht der Lebenssinn, von dem ich hier spreche. Nicht dass wir unsere Gesamtlebensverfassung innerlich wahrnehmen, ist hier in Frage – das gehört zum Lebenssinn –, sondern sofern wir das Leben in uns tragen. Und dieses Lebendige in uns, alles das, was in uns physischer Organismus des Lebens ist, das ist Wahrnehmungsorgan für die Gedanken, die der andere uns zuwendet.»[132]

Wie der Lebenssinn die integrale, in sich abgestimmte Wohlordnung der eigenleiblichen Lebensvorgänge, die ausgeglichene Gesamtlebensverfassung, als *Behagen* empfindet, so der Begriffssinn die stete Konsequenz der fremdseelischen Denkvorgänge als *Stimmigkeit*. Wir empfinden diese wie jene ganzheitlich mit dem ganzen Menschen, sofern er lebendige Zusammenhänge in sich trägt.[133] Die Stimmigkeit taucht als

132 Rudolf Steiner: Das Rätsel des Menschen (GA 170), Vortrag vom 2. September 1916.

133 Rudolf Treichler versucht in einer Studie, die physische Organisation zu bestimmen, die Grundlage für den genannten Lebensorganismus ist (für die einheitlich «lebendige Regsamkeit des gesamten Organismus, insofern sich dieses Leben ausdrückt im Physischen», R. Steiner), insofern er die polar wirkenden Organe des Lebenssinns und des Denksinns bildet. Er sieht sie in dem vegetativen oder autonomen Nervensystem, das sich in einen sympa-

eine Art Resonanz mit diesen Lebenszusammenhängen auf.[134] Die Gedanken des anderen erscheinen in diesem Medium wie ‹ausgelegt›: ausgebreitet und verständlich, indem wir die Lebensvorgänge bei Ausübung des Begriffssinns nicht in konkreten Denkschritten entfalten, sondern angesichts derjenigen des anderen zurückhalten, denen unsere Aufmerksamkeit gilt, ja zurückdrängen, um diese einströmen zu lassen. Der derart durch die Aufmerksamkeit belebte, geweckte, aber zurückgestaute Begriffsorganismus bildet das

---

thischen (die Lebensvorgänge mehr anregenden) und einen parasympathischen (beruhigend zurückstauenden) Teil gliedert. Er schreibt, dass der parasympathische Teil des vegetativen Nervensystems «mehr der Wahrnehmung der Formzustände dient, wogegen vom sympathischen Anteil die Tätigkeiten der [Lebens-]Organe wahrgenommen und vermittelt werden» (R. Treichler: «Von der Welt des Lebenssinnes», in: Beiträge zur Erweiterung der Heilkunst 7–8/1952). So kann man den Sympathikus als das physische Organ (bzw. dessen neurologischen Aspekt) des Lebenssinns und den Parasympathikus als das des Denksinns ansehen. Die ‹Formzustände› des Lebensorganismus möchte ich mit jenen oben erwähnten ‹Engrammen› in Verbindung bringen, in denen die einmal gedachten Gedanken niedergelegt sind und welche die für die Gedanken anderer sensible Netzhaut des Begriffsorganismus als Organ des Begriffssinns bilden.

134 Rudolf Steiner beschreibt einmal diese einstimmende Resonanz im Lebensorganismus beim Verstehen des anderen regelrecht als ein «Wohlgefühl», das den ganzen lebendigen Menschen durchzieht: «Wenn man einem Menschen gegenübersteht, der einem seine Ideen äußert – man soll das nur einmal in sorgfältiger Selbstbeobachtung sich vorlegen –, dann hat man ein gewisses Wohlgefühl. Und der, der dieses Wohlgefühl analysieren kann, der findet eine Ähnlichkeit zwischen diesem Wohlgefühl und dem Gefühl, das er hat, wenn er verdaut. Es ist eine große Ähnlichkeit, nur geht das eine Gefühl nach dem Magen hin, das andere geht nach dem Kopf hin.» (Soziale Ideen. Soziale Wirklichkeit. Soziale Praxis, GA 337b, Vortrag vom 16. August 1920). Es ist das Wohlgefühl der ‹verdauten› Gedanken in der Stimmigkeit, die man in dem wohlgeordneten, eben stimmigen Gedankengang des anderen beim wahrnehmenden Verstehen desselben empfindet. – Im Zyklus Anthroposophie – Psychosophie – Pneumatosophie (GA 115, a.a.O.) spricht Rudolf Steiner geradezu von «Behagen» beim Verstehen von gegebenen Vorstellungen und von «Unbehagen» beim Nicht-Verstehen (Vortrag vom 2. November 1910).

Organ des Begriffssinns. Wir empfinden in diesem lebendigen Organismus aktuell zurückgestellter, niedergelegter Gedanken die spezifische Stimmigkeit vibrieren, mit welcher der andere seine Gedanken (her)vorbringt und stimmen so in sie ein. Ich verstehe den Gedanken, den ein anderer vorbringt, also *seinen* Gedanken, in der Form, wie er von ihm gemeint und verstanden wird, d. h. in der Konsequenz und Stimmigkeit, für die er im gegenwärtigen Denkakt zeugt. Dieses individuelle Zeugnis verstehe ich. Und so werde ich Zeuge eines Denkens, das einen Gedanken erzeugt und darin sich selbst versteht.

Der ganze lebendige Mensch ist ein verstehendes Wesen, ein sowohl im Denken sich selbst wie durch den Denksinn den anderen verstehendes Wesen. Im *Denken* leuchtet ein Vorgang auf, durch den sich der Mensch verstehend mit der geistigen Welt verbindet. Durch den *Denksinn* verstehen wir diesen Vorgang des Verstehens beim Mitmenschen. Im geglückten Gespräch tauschen die Menschen dieses Verstehen gegenseitig aus. Es ist das Licht des Geistes innerhalb der physischen Welt. «Beim Verstehen einer freien Individualität handelt es sich [...] darum, deren Begriffe, nach denen er sie sich ja selbst bestimmt, rein (ohne Vermischung mit eigenem Begriffsinhalt) herüberzunehmen in unseren Geist.»[135] «Dieses *ihr* Denken aber ergreife ich in meinem Denken als Erlebnis wie mein eigenes. Ich habe das Denken des andern wahrgenommen. [...] und es ist ein vollkommen in meinem Bewusstsein liegender Vorgang, der darin besteht, dass sich an die Stelle meines Denkens das andere setzt.»[136]

135 Rudolf Steiner: Die Philosophie der Freiheit (1894), XIV. Kap.
136 Ebd., Erster Anhang.

Eine höhere, die reine Sinneserfahrung überschreitende Ebene der Begegnung von Mensch zu Mensch zeichnet sich ab: Aus der hingegebenen, sinnlich wahrnehmenden Einstimmung in die Stimmigkeit des vom anderen entwickelten Gedankengangs erwache ich, angeregt durch sein Denken, wieder zum eigenen Denken und ergreife intuitiv, auf meine Weise denselben Gedankeninhalt, den der andere, auf seine Weise, ergriffen hat. Dann befinden wir uns durch das denkende, geistige Einander-Verstehen in der gemeinsamen Ideenwelt. Hier vollendet sich die Verständigung – aufsteigend aus der Wurzel originär wahrnehmender Einstimmung und erblühend in der denkenden Übereinstimmung – in der Begegnung freier Individualitäten als einem geistigen Wesenstausch auf Erden. Von Ich zu Ich. Einmütigkeit.

Ich-Sinn

Der Ich-Sinn ist eigentlich ein Du-Sinn. Denn er öffnet sich dem Fremd-Anderen, dem ich begegne. Ich bin mir selbst als Wesen keine gegebene sinnliche Wahrnehmung, sondern weiß von mir originär wesenhaft nur durch geistige Selbstbestimmung, durch die ich mich im Begriff meiner Selbstwahrnehmungen fasse. Aber über den anderen kann ich nicht bestimmen – ich warte ab und nehme wahr, wie er sich selbst bestimmt und darin seiner selbst bewusst ist. Kann ich das rein ohne urteilende Deutungen?

Anlässlich eines Festakts werden zwei Gäste, die sich bisher nicht kannten, durch den Gastgeber – ohne Angabe ihrer gesellschaftlichen Stellung – einander vorgestellt. Sie begrüßen sich durch Blickkontakt und Handschlag und bestätigen dadurch gegenseitig ihre Anwesenheit. Darin liegt mehr als eine bloße Kenntnisnahme des Vorhandenseins des anderen – wie andere Dinge im Raum wie z. B. die Festtafel zur Kenntnis genommen werden. Sie sehen sich nicht (nur) als Körper an, die nebeneinander stehen, in dieser oder jener Gestalt, Kleidung, Haltung oder Gebärde. Der gegenseitige Gruß – «Grüß Gott!» – gilt der Persönlichkeit des anderen. – Ist er nur höfliche Etikette oder entspricht er der Wahrnehmung, in welcher die Sich-Grüßenden sich als autonome Personen, als anwesende Iche, sehen, anerkennen und würdigen?

Der Andere im Blick

Trete ich einem anderen Menschen gegenüber und blicke ihn an, so bemerke ich in dem Augenblick, wo auch er mich an-

blickt, einen berührenden, geheimen Brückenschlag zwischen unseren Wesen, der die leibliche Erscheinung überspringt und tief im jeweilig Inneren verankert ist. Ich blicke in die Augen des anderen, ohne die Farben der Iris zu sehen; ich versenke mich in die Pupillen, ohne ihre Schwärze zu bemerken. Mein Blick geht durch alle Oberflächen, die ihm durchsichtig sind, den anderen in einem Tiefengrund seines Daseins ‹sehend›. Von dorther empfinde ich mich auch angeblickt. Einander anblickend, ‹sehen› wir uns von Angesicht zu Angesicht. Und so erst sind wir einander grußfähig.[137]
Auch wenn mein Blick durch das sehende Auge der leiblichen Erscheinung des Gegenübertretenden zugewandt ist, so meine ich doch nicht diese, sondern am Ort derselben die nicht sichtbare Anwesenheit des anderen. Ich übersehe die leiblichen Bedingungen seines Daseins und *achte* (auf) den anderen selbst, der ‹leibhaftig› hier und jetzt, zugleich aber wesenhaft unmittelbar und durch seinen Körper unverstellt da ist.

Selbst sein leiblich-seelisches Dasein durchdringe ich im Blick auf den anderen, das einzigartige Du. Denn es bildet einen Schleier typischer, gattungshafter Daseinsschichten (wie Temperament, Gewohnheiten, Gefühlsmuster u. a.), die viele Menschen ähnlich an sich tragen. Diese Schichten dominieren den Ausdruck, solange ich nicht auf die individuelle

137 Diese reine Blicksituation jenseits sichtbarer Oberflächen beschreibt Jean-Paul Sartre phänomenologisch sehr genau: «Wenn ich den Blick erfasse, höre ich auf, die Augen wahrzunehmen: sie sind da, sie bleiben im Feld meiner Wahrnehmungen als reine Präsentationen, aber ich mache davon keinen Gebrauch, sie sind neutralisiert, aus dem Spiel [...]. Nie können wir Augen, während sie uns ansehen, schön oder hässlich finden, ihre Farbe feststellen. Der Blick des Andern verbirgt seine Augen, scheint vor sie zu treten.» (Das Sein und das Nichts, 1943, Hamburg 1989, S. 344 f.)

Art achte, in der der Einzelne sie an sich trägt. Nur diese Art prägt der Mensch individuell durch sich selbst, insofern er sich denkend selbst bestimmt, d. i. seine Wahrnehmungen der Eigenschaften seiner Persönlichkeit durch den Begriff aufklärt und zusammenfasst, den er für sein Wesen, für seine individuelle Stellung im Weltganzen fasst. «Meine Triebe, Instinkte, Leidenschaften begründen nichts weiter in mir, als dass ich zur allgemeinen Gattung *Mensch* gehöre; der Umstand, dass sich ein Ideelles in diesen Trieben, Leidenschaften und Gefühlen auf eine besondere Art auslebt, begründet meine Individualität. Durch meine Instinkte, Triebe bin ich ein Mensch, von denen zwölf ein Dutzend machen; durch die besondere Form der Idee, durch die ich mich innerhalb des Dutzends als Ich bezeichne, bin ich Individuum. Nach der Verschiedenheit meiner tierischen Natur könnte mich nur ein mir fremdes Wesen von andern unterscheiden; durch mein Denken, d. h. durch das tätige Erfassen dessen, was sich als Ideelles in meinem Organismus auslebt, unterscheide ich mich selbst von andern.»[138]

Auf diese Individualität, zu der der andere sich selbst bestimmt, geht der Blick des Ich-Sinns. Nicht ich bestimme durch Urteil das Wesen des anderen, sondern er selbst. Durch vorurteilsloses Wahrnehmen gewähre ich dem anderen die Möglichkeit, dass seine selbstbestimmte Individualität ihre unverletzte, unverstellte Anerkennung findet. «Individualität ist nur möglich, wenn jedes individuelle Wesen vom andern nur durch individuelle Beobachtung weiß.»[139]

---

138 Rudolf Steiner: Die Philosophie der Freiheit (1894), IX. Kap.

139 Ebd.

Im Durchblick auf das Du

Mit dem Blick des Ich-Sinns durchdringe ich unmittelbar sowohl die leibliche als auch die seelische Erscheinung des anderen. Ich muss beide nicht erst durch eigene Operationen abarbeiten, um in das Wesen des anderen zu gelangen und sein individuelles Dasein durch mein Urteil anzuerkennen. Weder der Analogieschluss, aufgrund dessen ich aus der Ähnlichkeit seiner Erscheinung mit *meiner* auf ein gleichartiges Wesen schließe, noch die Einfühlung in das Ausdrucksgebaren des anderen, die mich mit *meinen* Gefühlen in dessen Seelenleben durch Empathie einleben lässt, sind geeignet, das *unmittelbare* Dasein des *anderen* Wesens zu erblicken. In beiden Fällen schiebe ich eigene Vermittlungsprozesse zwischen mich und den anderen, so dass ihm eine unmittelbare, ganz von ihm selbst her bestimmte, individuelle Erscheinungsweise verwehrt wird. Beides geht von den heute selbstverständlich scheinenden Annahmen aus, dass in meiner Erfahrung zunächst nur das eigene Ich in meinem subjektiv abgeschlossenen Bewusstsein und vom anderen Menschen nur die Erscheinung seines Körpers gegeben sind.

Der sich darin ausdrückende krasse Subjektivismus und Materialismus bildet ein theoretisches Konzept auf der Grundlage weltanschaulicher Voraussetzungen. Sie können durch die Beobachtung widerlegt werden, dass es eine unmittelbare Wahrnehmung des anderen Wesens tatsächlich gibt.[140] Rudolf Steiner schildert den Vorgang des spontanen

140 Eine auf umsichtige seelische Beobachtungen beruhende, fundierte Phänomenologie des unmittelbaren Erfahrungszusammenhangs der Mitmenschen hat Max Scheler 1913 – zeitgleich mit den Forschungen Rudolf Steiners auf diesem Gebiet – in seinem Werk *Wesen und Formen der Sympathie* vorgelegt und darin insbesondere die wahrnehmliche «Du-Evidenz» herausgearbeitet.

Durchdringens der leiblichen Erscheinung, durch den erst die unmittelbare Wahrnehmung des anderen Ich freigelegt wird, minutiös im Ersten Anhang seiner *Philosophie der Freiheit.*[141] Er analysiert dort in genauer seelischer Beobachtung, in «unbefangener geistgemäßer Beobachtung», was vorgeht, wenn ich einer anderen Persönlichkeit gegenübertrete. Zunächst ist mir die «sinnliche Leibeserscheinung» gegeben, «dann noch etwa die Gehörwahrnehmung dessen, was sie sagt usw. Alles dies starre ich nicht bloß an, sondern es setzt meine denkende Tätigkeit in Bewegung.» Diese mündet

---

Mit Bezug auf die obige Problematik gibt es bei ihm klare Einsichten wie etwa die folgende: «Es steht nicht so, dass wir nur darum, weil wir das erfasste [fremde] Ich zu einem anderen Körper gehörig erleben, es als eine besondere Individualität erfassen; sondern wir wissen, dass auch das Ich selbst ein ‹Individuum› ist, das wir erfassen, und zwar ein von unserem Ich verschiedenes Individuum – und nur darum wissen wir, dass es ein ‹anderes› ist; nicht aber ist es uns ein Individuum, weil es ein ‹anderes› ist. Um von der Existenz eines individuellen Ich zu wissen, bedarf es durchaus nicht des Wissens um seinen Körper.» (Kap. C, III)
Nicht zu vergessen sind die epochemachenden Betrachtungen von Martin Buber in seinem Werk «Ich und Du», mit denen er sich seit ca. 1916 befasste und die 1923 erstmals in Buchform erschienen.

141 Diesen Anhang verfasste Rudolf Steiner für die Neuausgabe der Philosophie der Freiheit aufgrund von Einwendungen auf den oben zitierten Zusammenhang, die der Möglichkeit einer unmittelbaren Wahrnehmung des anderen Individuums erkenntnistheoretisch widersprechen, weil sie davon ausgehen, dass wir unmittelbar nur von uns selbst etwas wissen könnten und das andere Individuum in einer uns unzugänglichen transzendenten Welt lebe. Dass Rudolf Steiner erst in der Neuausgabe von 1918 auf sie eingeht, hat seinen sachlichen Grund in Entdeckungen, die ihm erst im Laufe des Jahres 1910 aufgegangen sind und die er dann in den folgenden sieben Jahren systematisch ausgearbeitet hat, aufgrund deren man von einem Ich-Sinn sprechen kann. Siehe dazu *Anthroposophie. Ein Fragment* (GA 45). Diese Aufzeichnungen vertiefen den Zyklus *Anthroposophie* (GA 115) von 1909, in dem Rudolf Steiner einen eigenständigen physischen Ich-Sinn noch ausschließt, weil höhere, über dem Begriffssinn liegende Sinne «geistige Wahrnehmungsorgane» bilden, die man nicht mehr als Sinne «im gewöhnlichen Sinne» bezeichnen könne (GA 115, Vortrag vom 26. Oktober 1909).

nun nicht wie im gewöhnlichen Erkenntnisleben in ein begriffliches Urteil über den anderen, sondern hält sich zurück, bleibt stehen als aufmerksamer Blick. «Indem ich *denkend* vor der anderen Persönlichkeit *stehe*, kennzeichnet sich mir die Wahrnehmung gewissermaßen als seelisch durchsichtig.» Die bloße leibliche Sinneserscheinung wird ausgelöscht zugunsten der leiblichen Präsenz des Du. «Ihr Sich-vor-mich-Hinstellen ist zugleich ihr Auslöschen als bloße Sinneserscheinung. Aber was sie in diesem Auslöschen [ebenso sinnlich] zur Erscheinung bringt, das zwingt mich als denkendes Wesen, mein Denken für die Zeit ihres Wirkens auszulöschen und an dessen Stelle *ihr* Denken zu setzen. Dieses *ihr* Denken aber ergreife ich in meinem Denken als Erlebnis wie mein eigenes. Ich habe das Denken des anderen wirklich wahrgenommen.»[142]

In dieser Beobachtung des Gedankensinns, nämlich der Art und Weise, wie er vorgeht, mit dem Ergebnis, «dass sich an die Stelle meines Denkens das andere Denken setzt», zeigt sich die unmittelbare, durch keine Schlussfolgerung oder Einfühlung vermittelte Verbindung der sich einander verstehenden Personen. «Durch das Sich-Auslöschen der Sinneserscheinung wird die Trennung zwischen den beiden Bewusstseinssphären tatsächlich aufgehoben.»[143] Diese durch den Gedankensinn gegebene unmittelbare Wahrnehmung dessen, wie der andere als Denkender in seiner Bewusstseinssphäre seine Gedanken ergreift, formt und versteht, birgt in sich die letzte Instanz des sinnlichen Gewahrwerdens: zu

142 Rudolf Steiner: Die Philosophie der Freiheit (GA 4), Erster Anhang (Hervorhebung und eckige Klammer durch die Autoren).

143 Ebd.

verstehen, wie der andere sich denkend selbst versteht,[144] offenbart ihn selbst in der Gebärde des *Sich-Selbst*. Darauf blickt der Ich-Sinn.

Aber wie dem Gedankensinn nicht der übersinnliche Gedankengehalt gegeben ist, der nur im intuitiven Denkvollzug einsehbar ist, so ist auch dem Ich-Sinn nicht das innerste, geistige Ich-Wesen des anderen offenbar.[145] Denn die Innerlichkeit des Ich ist absolut; sie ist sowohl sinnlich wie übersinnlich unbetretbar. Das gehört zu seinem Wesen, dass es absolut innenbestimmt ist und keine Außenseite hat, über die es einen Zugang von außen gäbe. Das Ich erfasst sich «nur von innen heraus, nur durch sich selbst».[146] Es ist wesentlich durch sich selbst da und so auch nur von innen, ausschließlich durch es selbst einsehbar. «Das ‹Ich› selbst ist auch ihm [dem ‹Sehenden›] unsichtbar; dieses ist wirklich in dem ‹verhangenen Allerheiligsten des Menschen›.»[147]

144 Siehe die vorhergehende Darstellung des Gedankensinns: «Ich blicke wahrnehmend auf die Denkgebärde, mit welcher der Denkende vorstellend etwas versteht – und darin sich selbst versteht, nämlich etwas für sich durchsichtig macht. Dieses innere, sich vor sich selbst vergegenwärtigende Moment im Denkakt des anderen ist der tiefste Punkt der Gedankenwahrnehmung.»

145 Aus diesem Grunde ist auch der individuelle Stil (z. B. eines Kunstwerks) nicht, wie gelegentlich behauptet wird, eine sinnliche Wahrnehmung des Ich-Sinns, dieser also kein Sinn für Stil (der, wenn nicht bloß ein Schema der Vorstellung, eine geistige Erkenntnis darstellt).

146 Rudolf Steiner: Theosophie (GA 9), Kap. IV ‹Das Wesen des Menschen›.

147 Ebd. Das Bild vom «verhangenen Allerheiligsten» ist ein Wort von Jean Paul. – Es ist symptomatologisch aufschlussreich zu verfolgen, wie der Parlamentarische Rat 1948/49 nach der Katastrophe des Dritten Reichs und des Zweiten Weltkriegs für die Grundlage einer neuen, menschenwürdigen Verfassung der Bundesrepublik Deutschland um eine sachgemäße Formulierung des 1. Artikels des Grundgesetzes (GG) rang und am Ende von allen Begründungsversuchen desselben Abstand nahm, weil eine solche argumentative Diskussion seine ursprüngliche allgemein-menschliche Evidenz verunsichern würde, um am Ende der Beratungen einfach das unableitbare Urphänomen des Menschseins festzustellen: «Die Würde des Menschen ist unantastbar.»

Was nun wird für den Ich-Sinn dennoch wahrnehmbares Phänomen? Wie findet der Wahrnehmende einen originären Zugang zu dieser in sich geschlossenen Welt des anderen Ich, die keine Außenseite zeigt? Wie ist also eine unmittelbare, wesenhafte Begegnung von Ich zu Ich möglich?

Die Pupille des Ich-Sinns

In Vorträgen zur sozialen Frage, über das «soziale Leben von Mensch zu Mensch», beschreibt Rudolf Steiner als das «Urelement, gewissermaßen als das Atom des sozialen Zusammenlebens der Menschen», die Fähigkeit der gegenseitigen unmittelbaren Wahrnehmung durch den Ich-Sinn. Er verweist dort auf seine oben angeführten Schilderungen im Anhang der *Philosophie der Freiheit* und vertieft sie hier menschenkundlich, indem er die Wahrnehmung des anderen Ich aus der Wahrnehmung des eigenen Ich erläutert. Er führt aus, dass die eigene Ich-Wahrnehmung eine negative ist: eine Aussparung im Umkreis der sonstigen bewussten Seelenerlebnisse: «Sie nehmen Ihr Ich gar nicht wahr, son-

---

Diese paradigmatische Einsicht in das von außen unbegründbare Urphänomen des nur in und durch sich begründeten autonomen Menschen als eines Ich-Wesens gründet im originären geistigen Ich-Akt des Einzelnen und begründet ein Gemeinwesen in der originären Ich-Wahrnehmung des Anderen. Sie wurzelt offensichtlich in der untäuschbaren Gewissheit einer aufblitzenden Wahrnehmung des Ich-Sinns im Verhältnis von Mensch zu Mensch. Der 1. Artikel GG beschreibt also eine reale Tatsache, die auf Erfahrung beruht, und postuliert nicht normativ irgendeinen (womöglich ethisch, theologisch oder soziologisch interpretierten) Wert. Freilich kann auch eine Tatsache übersehen oder missachtet werden und bedarf daher des rechtlichen Schutzes, dies umso mehr, als sie, durch zweckorientiertes Handeln im Alltag verdeckt, nur einer sensiblen Beobachtung, eben des sehr verborgen wirkenden Ich-Sinns, gegeben ist, die auf geheimnisvolle Weise dennoch in eine innige Berührung mit dem «verhangenen Allerheiligsten» des Mitmenschen kommt.

dern Sie nehmen Ihre Erlebnisse wahr, die Sie während Ihrer verschiedenen Tagwachen durchgemacht haben. [...] Indem Sie zurückschauen auf Ihr Leben, nehmen Sie die Erlebnisse wahr, und Sie nehmen nicht wahr diese Unterbrechungen [durch den Schlaf]. Dafür nehmen Sie Ihr Ich wahr. Es ist also das Fehlen der Erlebnisse, was Ihnen in Wirklichkeit die Vorstellung Ihres Ich gibt, das heißt, indem Sie ‹Ich› sagen, nehmen Sie diejenige Zeit Ihres Lebens wahr, die Sie verschlafen haben.»[148] Steiner symbolisiert diesen Zusammenhang an der Wandtafel[149] durch eine weiße Kreisfläche auf schwarzem Tafelgrund, die die Tageserlebnisse umfasst, mit einer Aussparung im Zentrum, dem ‹schwarzen Fleck› des erlebnislosen Schlafs, in dem, wie durch eine schwarze Pupille, das Ich sich selbst erblickt. Dieses Sich-selbst-Erblicken erblickt der Ich-Sinn. Und er unterstreicht: «Es ist außerordentlich bedeutsam, diese Dinge einfach zu sehen. Denn jeder Mensch glaubt, die Wahrnehmung des Ich sei ein Erlebnis. Nein, die Wahrnehmung des Ich ist das jeweilige Loch in den Erlebnissen.»[148] Das Ich als reales Wesen (be-)findet sich nicht im Horizont der Sinneswahrnehmungen oder Vorstellungen des wachen Tagesbewusstseins, sondern «bleibt im Wollen unten und schläft da weiter auch vom Aufwachen bis zum Einschlafen. [...] Sie können das dunkle Gefühl haben, dass Sie ein Ich haben, indem aus dem Wollen heraus Ihnen etwas erklingt von dem, was Sie wie ein Loch in Ihren Seelenerlebnissen haben. Das ist außerordentlich wichtig einzusehen.»[148]

---

148 Rudolf Steiner: Soziales Verständnis aus geisteswissenschaftlicher Erkenntnis (GA 191), Vortrag vom 19. Oktober 1919.

149 Wandtafelzeichnungen zum Vortragswerk, Bd. II (GA K58/2), S. 25.

Denn nun zeigt sich, dass diese Aussparung des Bewusstseins, in der das Ich aus dem unbewussten Wollen als ‹dunkles› Selbstgefühl heraufklingt, den ‹Augbecher› für die bewusste Wahrnehmung des fremden Ich bildet. «Wir nehmen nicht nur, wie ich eben jetzt auseinandergesetzt habe, unser eigenes Ich, allerdings negativ, wahr, sondern wir nehmen auch das Ich des anderen Menschen wahr. Wir könnten es nicht wahrnehmen, wenn das Ich in unserem eigenen Bewusstsein wäre. Wäre das Ich in unserem eigenen Bewusstsein, dann wäre das Verhältnis ein recht fatales; dann würden wir durch die Welt gehen und nur immer in unserem Bewusstsein innerhalb unserer Sinnes- und Vorstellungswelt Ich, Ich, Ich haben. Wir würden an den anderen Menschen vorbeigehen und sie nur als Schatten empfinden. [...] Und gerade deshalb, weil unser Ich nicht in unserem Bewusstsein ist, sondern außerhalb unseres Bewusstseins ist, wie das Wollen auch, deshalb können wir uns in das Ich des anderen versetzen. Wäre das Ich in unserem Bewusstsein, so würden wir uns nicht in das Ich des Anderen versetzen können und würden ihn nur in einem Schattendasein wahrnehmen.»[148] Uns gegenüber in ein Schattendasein verbannt wäre das andere Ich in seiner leiblichen Erscheinung, die sich uns in ihrer undurchsichtigen, opaken Oberfläche aufdrängte, verfügten wir nicht über den Ich-Sinn, der den Blick auf sie, auf das Wesen hin transparent, vertieft.

Das eigene ‹Ich› ist ein unbewusstes Ereignis, es hält sich im gewöhnlichen Bewusstsein zurück –, um Platz für das Du zu machen (aber auch als Aufmerksamkeit für die weiteren sinnlichen Erscheinungen der Welt).

Aus den Tiefen des Willenswesens bildet sich der Ich-Sinn. «Wenn wir nun den anderen Menschen wahrnehmen, so nehmen wir ihn eigentlich durch unser Wollen wahr.»[150]
In dem menschenkundlichen Kurs zur Begründung der Waldorfpädagogik wenige Wochen zuvor charakterisierte Rudolf Steiner den Ich-Sinn folgendermaßen: «Dieses Organ des Ich-Sinns ist also so organisiert, dass es nicht in seinem wachenden, sondern in einem schlafenden Willen das Ich des anderen erkundet – und dann rasch diese Erkundung, die schlafend vollzogen wird, in die Erkenntnis hinüberleitet, das heißt, in das Nervensystem hinüberleitet.»[151]
Dass der Sinnesvorgang des Ich-Sinns ein Willensvorgang ist, der in das Wahrnehmungsbewusstsein heraufschlägt, liegt in der Willensnatur des Ichwesens begründet. Anders als durch die Erregung des eigenen (schlafenden) Willens durch den Willensakt des anderen kann dieser nicht erspürt werden. Denn das Ich ist innerhalb der physischen Welt – und in ihr befinden wir uns wahrnehmend durch alle zwölf Sinne, insbesondere den Ich-Sinn – «nichts anderes als Willensakt, Wille».[152] Indem der Wille des Ich nun in den physischen Leib untertaucht, schlägt dem Ich «das innere Erspüren des Willens, das innere Erleben des Willens» wie in einem Spiegelbild des Willenswesens zurück: «Ich, das ist ein wirklicher Willensakt, und dasjenige, was wir vorstellen über das Ich, das ist Spiegelbild, das dadurch entsteht, dass

150 Siehe Anm. 148.
151 Rudolf Steiner: Allgemeine Menschenkunde als Grundlage der Pädagogik (GA 293), Vortrag vom 29. August 1919.
152 Rudolf Steiner: Notwendigkeit und Freiheit im Weltgeschehen und im menschlichen Handeln (GA 166), Vortrag vom 8. Februar 1916.

das Wollen anschlägt an den Leib.»[153] Und dieser Rückschlag des Willensaktes am physischen Leib, des Willenswesens *Ich* im *‹Ich›* (Ich-Bewusstsein) ist ein wahrnehmbarer Tatbestand der physischen Welt. Es ist im Grunde die Tathandlung des Ich als sich selbst tätig hervorbringender Willensakt, der am physischen Leib aufschlägt und als ‹Ich› zu sich kommt, das sinnlich wahrnehmbare Faktum in der physischen Welt, dem sich der Ich-Sinn zuwendet. Es ist die ganz konkrete, partikuläre Erfahrung des Vorgangs, dass und wie der andere sich am ‹Ich›-Bild des zurückgestauten Willensaktes, hier und jetzt in der physischen Welt aktuell, von Mal zu Mal andersartig, selbst erfasst – als Ich-Wesen.[154]

Das Original im Blick

Diesen Ich-Akt des anderen Menschen erkundet der Ich-Sinn. Sein entscheidender Eindruck ist nun, dass das *Spiegelbild dem Urbild auf eine charakteristische Weise gleicht*: Das ‹Ich› ist das Ich selbst, das Ich ist in seinem Bilde ‹Ich› selbst, eben Ich. Das genau ist der essentielle Erfahrungsgehalt der Ich-Wahrnehmung am anderen.[155] «Denn das Ich hat, wenn es sich vorstellt [also das ‹Ich›], nur mit sich selbst zu tun, und die Vorstellung ist nur ein Zurücklaufen des Ich-Erlebens in sich selber; es ist gleichsam eine Stauung, wie wenn wir es aufhalten würden, um in sich zurückzukehren, und es in dieser Rückkehrung sich selber als ein Spiegelbild gegenübertrete,

153 Ebd.

154 Mit dem Ich-Sinn nehme ich wahr, dass und wie der andere sich zu sich selbst verhält, so wie er im Denksinn sich selbst versteht.

155 Aus dieser empirischen Grundlage schöpfen wir die Achtung vor der «unantastbaren Würde» des uns begegnenden Mitmenschen (siehe Anm. 147).

das gleich ist dem Original. So ist das Ich-Erleben.»[156] Diese Ich-Vorstellung, das ‹Ich›, ist ‹ein Bild, das in uns selber aufsteigt›, erfüllt vom Original, dem Ich selber: «In dem Ich, wenn wir es vorstellen, stecken wir selber drin.» Es ist ein ‹unmittelbarer Abdruck›, ein ‹Siegelabdruck des Ich›.

Wenn wir das Spiegelbild des Ich als gewöhnliches oder *niederes ‹Ich›* und sein urbildliches Original, das tätige Willenswesen, als das *höhere Ich* bezeichnen, dann ist es gerade vor dem Blick des Ich-Sinns wesentlich einzusehen, dass beide *eines* Wesens sind,[157] nämlich unser jeweiliges individuelles Ich im ‹Ich›, d. i. das in sich zurückgewandte Wesen mit dem doppelten (Er-)Zeugungsschritt von Ich-Tätigkeit (Ich) und Ich-Erscheinung (‹Ich›), das *Ich-Ereignis in der physischen Welt.* Das genau nehme ich am anderen Ich wahr, dass er aus eigener Vollmacht (als Ich) da ist und darum weiß (‹Ich›). Es ist für die Ich-Wahrnehmung zentral, gewissermaßen im Fokus des Ich-Sinns, zu sehen, inwiefern und wie das Ich des anderen in seinem Wissen um sich, seinem ‹Ich›(-Bewusstsein), hier und jetzt auf Erden präsent ist, das (niedere) ‹Ich› vom (höheren) Ich – wie auch immer bewusst – erfüllt ist, von dem seine autonome In-sich-Ständigkeit und Vollmacht ausgeht, die ihm die Aura der unantastbaren Würde verleiht und die wir wahrnehmend (be-)achten, (an-)erkennen und würdigen. Ich nehme wahr, *wie*, d. i. die Art und Weise, wie der andere seines Daseins auf der Erde gewiss ist, das (niedere) ‹Ich›; und

156 Rudolf Steiner: Exkurse in das Gebiet des Markus-Evangeliums (GA 124), Vortrag vom 24. Oktober 1910.

157 Und nicht zwei getrennte Wesen, wobei wir womöglich nur dem letzteren den geistigen Rang einer personalen Würde zusprächen, das erstere aber preisgäben – eine gefährliche, menschenverachtende Ansicht, die einem blinden Fleck im Fokus des Ich-Sinns entspringt.

ich nehme zugleich, in *einem* Blick, wahr, *dass* und *inwiefern*, auf welcher Grundlage es dies ist, nämlich den initiatorischen Habitus der Autonomie dieses Daseins durch das (höhere) Ich.

Der sinnlich-übersinnliche Blick

Sicher, das «verhangene Allerheiligste» des anderen Ich ist für mich unbetretbar. Was ich wahrnehme, ist ‹nur› dessen Auftritt (im Willensakt), der Fußpunkt seiner An-Wesenheit auf der Erde im Ich-Bewusstsein. Aber eben darin, im ‹Ich›, wie der andere Mensch sich seiner selbst bewusst ist, glüht die Gewissheit im Lot über dem Fußpunkt, als Ich-Wesen auf sich selbst gestellt zu sein. Der Urheber selbst tritt auf und ist da. Ich habe im Blick auf ihn die sichere Wahrnehmung von Spontaneität, Authentizität, von Verlässlichkeit und Verantwortlichkeit, von Entschiedenheit und Geistesgegenwärtigkeit, aber auch von Selbstüberwindung und Liebe. So vertraue ich dem Autor Du, indem ich die Deckung seiner Handlungen aus dem Ich ‹sehe›.

Das Grundphänomen des Du: Das Ich ist im ‹Ich› anwesend, deutet auf ein Grenzphänomen des Ich-Sinns, auf dessen Grenzsituation zu sinnlich-übersinnlichen Erfahrungen. Es ist der Aspekt, durch den die sinnliche Wahrnehmung (des ‹Ich›) unmittelbar in eine übersinnliche (des Ich) übergeht. Hier reicht eine sinnliche Wahrnehmung in ihre übersinnliche Stiftung hinein. Das ist das Geheimnis des Ich-Sinns, das Wunder der Ich-Wahrnehmung: auf Erden die Einstiftung (oder Inkarnation) des Ich im ‹Ich› am anderen zu gewahren und so Zeuge seiner An-Wesenheit zu sein.

Der Ich-Sinn ist insofern sinnlich-übersinnlich veranlagt. Das ist der gute Grund dafür, dass Rudolf Steiner bei seiner ersten Darstellung des Sinnesorganismus 1909 den Ich-Sinn aus dem Organon der Sinne ausschließt, indem er ihm eine prinzipielle Rolle zuerkennt.[158] An dessen Stelle führt er einen höheren, die Sinne erst konstituierenden, daher übersinnlichen ‹Sinn› an, einen «imaginativen Sinn», der ohne Reize der Außenwelt (und daher für gewöhnlich unbewusst) tätig wird.[159] Die oben angeführte sinnlich-übersinnliche Modalität des Ich-Sinns legt nahe, in diesem Stellvertreter das geistige Komplement des physischen Ich-Sinns zu sehen. Denn es ist gerade für die Ich-Wahrnehmung charakteristisch, dass sie nicht über Außenreize in die geschlossene Innerlichkeit des anderen Ich gelangt, sondern von innen nach innen, von Angesicht zu Angesicht; dass sie unmittelbar das Ich im ‹Ich› gewahrt.

---

158 Siehe Anm. 141. Dieser prinzipielle Status des übersinnlichen Ich-Sinns zeigt sich in der in ihm offenbaren Grundfähigkeit des ‹Blickens› für alle Sinne, durch die ich erlebend bei den Wahrnehmungen bin. Rudolf Steiner diskutiert ihn um 1910 in Notizbuch-Aufzeichnungen zum Fragment Anthroposophie (GA 45, Anhang, 5. Kap.): «Diejenigen Seelenvorgänge, welche sich abspielen, während das Ich an einen Gegenstand ganz hingegeben ist, liegen nicht innerhalb der Welt, in welcher dieser Gegenstand liegt.» Sie sind übersinnlicher Art. Sie konstituieren das Ich-Erlebnis, während «die Aufmerksamkeit auf einen Sinnengegenstand sich richtet». Und ein offenbares Geheimnis des Ich-Erlebnisses, das jede Sinneswahrnehmung erblickend empfängt und für sich bewusst macht, ist es, dass es in sich das Bild eines anderen Wesens erzeugt, von dem her der objektive Inhalt der Sinneswahrnehmung zufließt: «An dem Ich-Erlebnis kann erkannt werden, dass das Menschenwesen aus sich heraus sich einen Organismus gestaltet, der in sich das Bild eines gleichen fremden Ichs gegenwärtig machen kann. Was sich als solcher Organismus gestaltet, kann als der Typus eines Wahrnehmungsorgans betrachtet werden.» Wohlbemerkt, dieses «fremde Ich» wird hier noch nicht in den anderen Menschen verlegt, sondern bildet ein methodisches Wesen, das zur Aufklärung der übersinnlichen Konstitution der Sinne aus dem Wesensgehalt der wahrnehmbaren Welt dient.

159 Rudolf Steiner: Anthroposophie – Psychosophie – Pneumatosophie (GA 115), Vortrag vom 26. Oktober 1909.

Dieser «imaginative Sinn» wird durch die meditative Schulung als zweiblättrige Lotusblume am übersinnlichen Seelenorganismus bewusst aktiviert: «Mit Einfachem beginnt es, was vor allem geeignet ist, das verständige und vernünftige Denken des Kopfes zu vertiefen, zu verinnerlichen. Dieses Denken wird dadurch frei und unabhängig gemacht von allen sinnlichen Eindrücken und Erfahrungen. Es wird gewissermaßen in *einen* Punkt zusammengefasst, welchen der Mensch ganz in seiner Gewalt hat.»[160] Dadurch wird im Seelenorganismus des Kopfes, als die zweiblättrige Lotusblume über den Augen, ein Mittelpunkt geschaffen, der den Menschen zu einer «richtigen Einsicht in den Zusammenhang dieser höheren Welten mit unserer sinnlichen» befähigt. Mit ihm ist die «Unterscheidung des Wahren von der Erscheinung» verbunden, durch die genau die grundlegende Spannung im polaren Zusammenhang von Ich (Wesen) und ‹Ich› (Erscheinung) deutlich wird, der die Wahrnehmung des Ich-Sinns zentral charakterisiert. Insofern begründet die zweiblättrige Lotusblume den Sinn dafür, dass «mitten in diesem Spiegelgemälde [des ‹niederen Selbst›] erscheint die wahre Wirklichkeit des höheren Selbst. Aus dem Bilde der niederen Persönlichkeit heraus wird die Gestalt des geistigen Ich sichtbar.»[161] Das, was die zweiblättrige Lotusblume imaginativ anschaut – «wie das niedere Selbst aus einer höheren Welt herstammt», «die Lehre von der Einkörperung (Inkarnation) des höheren Selbst in ein niederes» –, bildet den dem gewöhnlichen Bewusstsein unterbewussten Aughintergrund

160 Rudolf Steiner: Wie erlangt man Erkenntnisse der höheren Welten (GA 10), Kap. ‹Über einige Wirkungen der Einweihung›.

161 Ebd.

des Blicks, der nun, seiner übersinnlichen Bewegung unbewusst, sinnlich auf das Dasein des *anderen* Menschen fällt. Denn genau das ist für den (übersinnlich nicht geschulten) Menschen der Tiefeneindruck des Ich-Sinns angesichts des fremden Du: wie das (höhere) Ich im (niederen) ‹Ich› wirkt und insofern heimisch, inkarniert und anwesend ist.[162]

Das Organ des Ich-Sinns

Wir erkunden durch den Ich-Sinn den Wesenswillen des anderen, des Ich im ‹Ich›, wie er im Blick, im Händedruck, in der Haltung, Gangart oder im Auftritt sich individuell und konkret geltend macht – in allen Handlungen, die er auf dem physischen Plan ich-bewusst daseinsbekundend vollzieht. Diese Erkundung der tätigen Anwesenheit des anderen leisten wir durch unser Willenswesen, unser Ich, indem wir in das Willenswesen des anderen untertauchen (einschlafen) und dann dort, wo wir im Tageserleben unser Ich nur als Aussparung (Loch) empfinden, mit den Eindrücken der Willensberührung aufwachen. Das reale Ich lebt im Umkreis beim anderen, und das aus dem Willen heraus in die Aussparung der Welterfahrung einklingende Ich-Gefühl, insofern es im Wachen negativ, gewissermaßen konkav ist, empfängt die Wahrnehmung des anderen Ich; so bildet es das Ich zum Du. Insofern es negativ da ist, also nur an der Aussparung,

162 Wir denken, dass es dieser übersinnliche Hintergrund des Ich-Sinns ist, auf den der schwebende, des physischen Ich-Sinns noch nicht mächtige Blick des Neugeborenen fällt, wenn wir uns über seine Wiege neigen, um es zu begrüßen: Es schaut über unsere es anblickenden Augen hinweg auf einen physisch unbestimmten Ort über ihnen und begegnet aus seiner vorgeburtlich verankerten Sicht noch nicht unserem sinnlich orientierten Blick, der durch die Augen strahlt.

vom Leib in sich selbst zurückgeworfen, sich bemerkt, ist es nicht vom Stoff der Sinnesempfindungen erfüllt, welche die unteren Sinne vermitteln, sondern agiert als reine Form.[163] Dieses Ich lebt im Leib, aber nicht als das leiblich organische Selbst der unteren Sinne, sondern leibfrei. Sein ‹Leib› ist die immaterielle *menschliche Gestalt* als Ich-Form.[164]

---

163 Zur übersinnlichen Natur von Form oder Gestalt siehe die erkenntnistheoretischen Überlegungen zum Problem des nichtsinnlichen ‹Gestalt-Sehens› im Kapitel über den Gesichtssinn.

164 Wie das Ich auf der Gestaltoberfläche des menschlichen Leibes lebt – im Unterschied zu den substanziellen Selbstempfindungen der unteren Sinne in den Leibestiefen, insbesondere des Tastsinns in der stofflich berührten Leibesoberschicht (Haut) –, offenbart imaginativ das in dieser Oberfläche aufblühende Inkarnat (Pfirsichblüt). Diese durch Farbpigmente schwer nachzubildende Farberscheinung zeigt nicht nur eine ruhende Oberflächenfarbe für das Auge, sondern, durch diese hindurch, für den Ich-Sinn die Art und Weise, wie das Ich in der menschlichen Gestalt aufscheint. Darauf geht Rudolf Steiner in Vorträgen über *Kunst und Kunsterkenntnis* (GA 271), anknüpfend an den oben angeführten Anhang zur Neuausgabe der *Philosophie der Freiheit*, ausführlich ein: «Das, was uns am Menschen erscheint in der menschlichen Gestalt und Tingierung, das ist eine Art Wahrnehmung, wie die Wahrnehmung von Farbe und Form an einem Kristall. Farbe, Form und Fläche an einem Kristall drängen sich auf als sie selbst. Fläche, Tingierung am Menschen heben sich selbst auf, machen sich, ideell gesprochen, durchsichtig. Die sinnliche Wahrnehmung des andern Menschen löscht sich geistig aus: Wir nehmen die andere Seele unmittelbar wahr. Es ist ein unmittelbares Sich-Versetzen in die andere Seele, ein geheimnisvoller, wunderbarer Prozess in der Seele, wenn wir dem anderen Menschen gegenüberstehen in unserem eigenen Menschenwesen. Da geschieht ein wirkliches Heraustreten der Seele, ein Hinübertreten zum anderen.» (Vortrag vom 6. Mai 1918) «Man taucht unter auch in das äußere Wesen des Menschen, nicht nur in seine Seele, in sein Ich. Man taucht unter in das, was er durch seine Seele ist in seinem Leib, durch das Inkarnat» (Vortrag vom 5. Mai 1918), das als Signum des Ich-Seins seine menschliche Gestalt überflort. In einem Arbeitervortrag (in: *Mensch und Welt. Das Wirken des Geistes in der Natur*, GA 351) erklärt Rudolf Steiner: «Weil wir von innen heraus denken, bekommen wir nicht wie die Tiere von außen die Färbung, sondern wir bekommen die Hautfärbung von innen. [...] Aber unser Ich färbt eigentlich mit Hilfe des Blutes unseren ganzen Körper zu dieser wunderbaren Menschenfarbe.» (Vortrag vom 8. Oktober 1923)

Aus diesem immer wieder zu bewegenden Zusammenhang zwischen dem Ich und der physischen Menschengestalt,[165] die wir im Unterschied zum mineralischen physischen Leib als reine Form sehen müssen, als stofflich negativ und durchsichtig, können wir uns einem Verständnis dessen nähern, was Rudolf Steiner als das physische Organ des Ich-Sinns kennzeichnet, nämlich den «ganzen Menschen», genauer: «Der ganze Mensch als Wahrnehmungsorgan gefasst, *insoferne er hier sinnlich-physisch gestaltet* ist, ist Wahrnehmungsorgan für das Ich des andern.»[166] Und er präzisiert: «Gewissermaßen könnte man auch sagen: Wahrnehmungsorgan für das Ich des andern ist der Kopf, insoferne er den ganzen Menschen an sich anhängen hat und seine Wahrnehmungsfähigkeit für das Ich durch den ganzen Menschen durchstrahlt. Der Mensch, insoferne er ruhig ist, insoferne er die ruhige Menschengestalt ist gewissermaßen mit dem Kopf als Mittelpunkt, ist Wahrnehmungsorgan für das Ich des andern Menschen.» Es ist naheliegend, in der «Wahrnehmungsfähigkeit für das Ich», die Rudolf Steiner hier im Kopf zentriert, die oben eingeführte zweiblättrige Lotusblume[167] wiederzuerkennen, deren ätherische Ausstrahlungen vom ätherischen Mittelpunkt des Kopfes aus die ganze ich-förmige Menschengestalt durchströmen.

---

165 Weiterführende Einsichten in die imaginative Ich-Natur der Menschengestalt gibt Rudolf Steiner z. B. in dem Zyklus *Der Mensch im Lichte von Okkultismus, Theosophie und Philosophie* (GA 137), Vortrag vom 7. Juni 1912, und in den Anthroposophischen Leitsätzen (GA 26), Brief vom 18. Januar 1925.

166 Rudolf Steiner: Das Rätsel des Menschen (GA 170), S. 293, Vortrag vom 2. September 1916 (kursiv durch die Autoren).

167 Siehe Anm. 159.

Im Rückblick: das Urphänomen

Dieser unterbewusste, ins Übersinnliche reichende imaginative Sinn ist es auch, der, wenn seine Tätigkeit sich «nach innen ergießt», in das leibgebundene Seeleninnere des gewöhnlichen Bewusstseins, die «äußere Empfindung, die äußere Wahrnehmung» bewirkt: «Dass Sie die Dinge draußen sehen, das beruht darauf, dass nach innen hinein dieser Sinn arbeitet. Was Sie nach draußen als Empfindung, als Wahrnehmung haben, das können Sie nur dadurch haben, dass dasjenige in Sie hineinarbeitet, was im imaginativen Sinn zum Vorschein kommt.»[168] *Sinnesempfindung* ist es, die innerseelisch umgreift und dessen empfindend *inne* wird, was der Blick in jeder Sinneswahrnehmung durch den imaginativen Sinn für den Zusammenhang der höheren mit der sinnlichen Welt *außen* wahrnimmt.[169] Und der Empfindungsvorgang, der ein Ich-Erlebnis des wahrnehmenden Menschen ist, tritt am anderen Menschen, insofern dieser aus seinem Ich konkret anwesend in die Welt blickt, durch die Wahrnehmung des Ich-Sinns selbst in die sinnliche Erscheinung. Der Blick des Ich-Sinns enthüllt die Ich-Präsenz im Mitmenschen und macht dort anschaubar, wie ein höheres Ich mit dem

168 Siehe Anm. 158. Dieses Hineinarbeiten des imaginativen Sinns ins Innere entspricht der Umwandlung des Empfindungsleibes in die Empfindungsseele durch die unbewusste Arbeit des Ich am Astralleib, wie es Rudolf Steiner in seiner *Geheimwissenschaft im Umriss* (GA 13, Kap. ‹Einzelheiten aus dem Gebiet der Geisteswissenschaften: Die Wesensglieder des Menschen›) beschreibt.

169 Diese Blick-Stiftung jeder Sinneswahrnehmung haben wir im Kapitel «Einführung» mit dem Horus-Falken symbolisiert, der in der altägyptischen Kulturepoche den Pharao in die besondere Weisheit der Empfindungsseele einweiht, innerlich (empfindend) zu gewahren, was die Welt gibt.

niederen ‹Ich› selbstbestimmend zusammenhängt – und so den Blick in die Welt stiftet.

Diese Ausnahmesituation des höchsten Sinnes auf der Grenze zur übersinnlichen Welt, des Ich-Sinns, offenbart das Urphänomen der Sinneswelt, den Blick, der jede Sinneswahrnehmung erschließt und der am anderen Menschen selbst Sinneswahrnehmung ist, ja am anderen Menschen erst Phänomen der Sinneswelt wird. Im Blick, in dem uns die präsente Aufmerksamkeit, die Anwesenheit des Du entgegenstrahlt, erblicken wir die Grundfähigkeit aller Sinnestätigkeiten. So ist er das Urphänomen aller Sinnesphänomene, insofern sie erblickt werden. Es ist eine exzeptionelle Erfahrung, dass im Ich-Sinn die Grundlage aller Sinneserfahrungen selbst sinnlich wahrnehmbar wird – am anderen Menschen, der seine innerste Ich-Wesenheit geistesgegenwärtig in die physische Welt stellt.

Damit können wir die Phänomenologie der Sinne selbst auf ein Phänomen gründen und zu einer in sich selbst begründeten, immanenten Wissenschaft abrunden. Das wird allerdings nur durch seelische Beobachtung evident, die den ich-gestützten Vorgang des Blickens in die Sinneswelt begleitet und aufklärt.[170]

So mögen am Ende dieses Kursus dem Leser nochmals Beobachtungsbeispiele im Umkreis des fundierenden Ich-Sinns ans Herz gelegt werden, an denen er die Handhabe der seelischen Beobachtung prüfen und üben kann. Man möge

170 Zu der die phänomenologische Sinneslehre begründenden Methode der seelischen Beobachtung siehe das Kapitel «Einführung».

sich beobachtend die Unterschiede vor Augen führen, die bestehen zwischen der wirklichen Wahrnehmung der realen Anwesenheit des anderen Ich durch den Ich-Sinn und folgenden ‹Blick›-Erfahrungen: dem schwebenden Blick des Neugeborenen; dem leeren Blick des Abwesenden; dem brechenden Blick des Sterbenden; dem sanften Blick des Rehs; dem stechenden Blick des Hähers; dem Blick frontaler Porträtfotos oder -gemälde, ... Ein sensibles Forschungsfeld für das Ich, das nur in solchen tätig beobachtenden Gewahrungen auf Erden anwesend ist, und ein intimes Begegnungsfeld der Iche miteinander.

Ich-Blick

Der Ich-Blick aus dem imaginativen Aughintergrund der zweiblättrigen Lotusblume. Fragment einer keltischen Statue, 5. Jh. v. Chr., gefunden bei Heidelberg-Bergheim; Badisches Landesmuseum Karlsruhe

Beten will ich zu meinem Vater,
Meinem Gott, meinem Kräftespender,
Der in mein Haupt
Ein höheres Selbst einströmen ließ.[171]

171 Aus dem *Lied an die Große Welt* des walisischen Barden Taliessin (6. Jh. n. Chr.). Der keltische Name «Taliessin» ist der Mysterienname eines eingeweihten Druiden und bedeutet übersetzt «Strahlenstirn» (nach Markus Osterrieder: Sonnenkreuz und Lebensbaum, Stuttgart 1995, S. 72 f.).

Anhang

Denksinn und Denken: Wie nehmen wir Begriffe wahr?

Detlef Hardorp

> *Begriffe, Gedanken können nur dort wahrgenommen werden, wo sie auch wirklich auftreten, wo sie* hervorgebracht *werden; anders sind sie nicht gegeben. Und das ist durch das aktuelle Denken des Menschen.*
>
> *Dietrich Rapp*[172]

Wie entsteht Wirklichkeit?

Die Wirklichkeit sei irgendwo ausserhalb des menschlichen Erkennens vorhanden. Ich nehme sie einzig durch Sinneswahrnehmung in mich auf. Mein Erkennen sei lediglich ein Spiegel der realen Sinneswelt.

So stellt man sich seit der Neuzeit tendenziell die Erkenntnis vor. Wie sieht Rudolf Steiner den Bezug vom menschlichen Erkennen zur Wirklichkeit? Von welcher Bedeutung ist das für uns heute?

Steiner hat sich in seinen Grundwerken mit dem *Entstehen von Wirklichkeit im Erkenntnisprozess* intensiv auseinandergesetzt. Anstelle akademisch ausgeklügelte Theorien zu spinnen, bahnte er einen Willensweg ins Denken, von dem er feinfühlig die Erkenntnistätigkeit *beobachtete* und dabei unübertroffen radikal die Rolle des Denkens beim Zustandekommen von Erkenntnis mittels introspektiver (seelischer) Beobachtung erforschte.

---

172 Aus Dietrich Rapp: Begriffssinn – Vorstellungssinn – Denksinn. Über die Hüllen seiner Entbindung. – Die Drei Nr. 11/1986, S. 842 ff.

Das *Gewinnen von Begriffen durch intuitives Denken* beschreibt er in seiner «Philosophie der Freiheit» auf immer umfassenderen Stufen, um dann, auf der vorletzten Seite des letzten Kapitels, *eine* Ausnahme einzuräumen, bei der wir Begriffe «rein in unseren Geist herübernehmen», *ohne* Vermischung mit aus Intuition gewonnenem Begriffsinhalt.

Bevor wir uns dieser Ausnahme widmen, sollten wir den allgemeinen Erkenntnisvorgang deutlich vor Augen haben. Wie erkennt der Mensch die Welt? Welche Rolle spielt dabei das Wahrnehmen, welche Rolle das Vorstellen und welche Rolle das begriffliche Denken? Wie entsteht Wirklichkeit? Auf seelischen Beobachtungsresultaten beruhend, schreibt Steiner über das Verhältnis des Erkennens zur Wirklichkeit 1924 in einer Anmerkung zu seinem erkenntnistheoretischen Frühwerk aus dem Jahre 1886:[173]

> «Im Innenleben der Seele erwächst ein Inhalt, der wie der hungernde Organismus nach Nahrung, so nach Wahrnehmung von außen verlangt; und in der Außenwelt ist Wahrnehmungsinhalt, der sein Wesen nicht in sich trägt, sondern es erst zeigt, wenn er mit dem Seeleninhalt vereinigt wird durch den Erkenntnisvorgang. So wird der Erkenntnisvorgang ein Glied in der Gestaltung der Welt-Wirklichkeit. Der Mensch schafft an dieser Welt-Wirklichkeit mit, indem er erkennt. Und wenn eine Pflanzenwurzel nicht denkbar ist ohne die Vollendung ihrer Anlagen in der Frucht, so ist nicht etwa nur der Mensch, sondern die Welt nicht abgeschlossen, ohne dass erkannt wird. Im Erkennen schafft der Mensch nicht

173 Siehe Rudolf Steiner: Grundlinien einer Erkenntnistheorie der Goetheschen Weltanschauung. – Aus der ersten Anmerkung zur Neuauflage 1924.

für sich allein etwas, sondern er schafft mit der Welt zusammen an der Offenbarung des wirklichen Seins. Was im Menschen ist, ist ideeller Schein; was in der wahrzunehmenden Welt ist, ist Sinnenschein; das erkennende Ineinanderarbeiten der beiden ist erst Wirklichkeit.»

Wirklichkeit kann durch das Erkennen nicht *gefunden* werden, «weil sie als Wirklichkeit im Erkennen erst geschaffen wird».[174] Das nimmt für Steiner Zeit seines Lebens eine Schlüsselstellung ein.

Was ist Sinneswahrnehmung, was ist Vorstellung?

Nun kommt der ‹Sinnesschein› der Außenwelt dem Menschen in verschiedene Sinnesbereiche gegliedert entgegen. Dieser Wahrnehmungsinhalt wird von der Menschenseele fortwährend mit Begriffen durchtränkt. Gemäss diesen Begriffen, die aus der Seele als Bestandteil des ‹ideellen Scheins› auftauchen, fügt der Mensch die Sinneswahrnehmung urteilend zusammen. Erst dadurch entsteht eine einheitliche Welt. Steiner kurz vor der Eröffnung der ersten Waldorfschule 1919 zu den zukünftigen Lehrern:

«Und jetzt begreifen Sie das Urteilen als einen lebendigen Vorgang in Ihrem eigenen Leibe, der dadurch zustande kommt, dass die Sinne Ihnen die Welt analysiert in Gliedern entgegenbringen. In zwölf verschiedenen Gliedern bringt Ihnen die Welt das entgegen, was Sie erleben, und

174 Ebd.

in Ihrem Urteilen fügen Sie die Dinge zusammen, weil das Einzelne nicht bestehen will als Einzelnes.»[175]

So fügt der Mensch fortwährend die Sinneswahrnehmungen zu Vorstellungen zusammen, die er dann als in sich zusammenhängende Objekte in der Welt erlebt.[176]

Diese Vorstellungstätigkeit hat willentlichen Charakter. Besonders markant ist das bei plastischen, also räumlichen, Vorstellungen zu erleben. Gut zu veranschaulichen ist dies anhand der folgenden Figur.

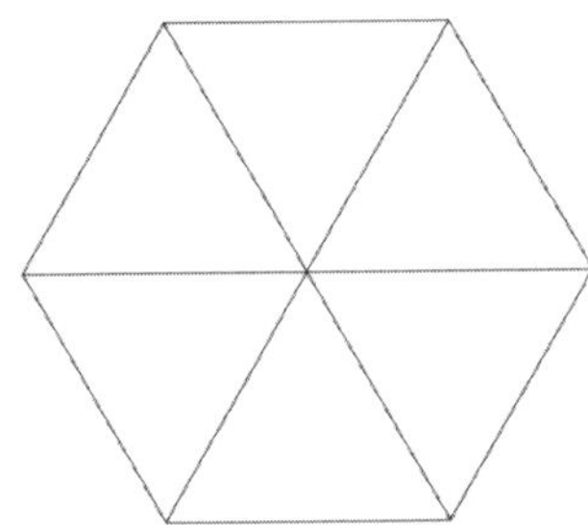

Diese kann als räumlicher Würfel gesehen werden. Plötzlich kann aber ein *anderer* Würfel erscheinen! Gerade in dem Moment, wo es umschlägt, kann besonders gut bemerkt werden, wie die plastische Vorstellung willentlich von mir in die Sehfläche geprägt wird.

Klare Konturen von Gegenständen sowie auch schwarze Linien auf weissem Hintergrund regen besonders dazu an, mit den Augen an ihnen entlangzugleiten. Alle Eigenbewegung

175 Rudolf Steiner: Allgemeine Menschenkunde als Grundlage der Pädagogik (GA 293), Vortrag vom 29. August 1919.

176 Siehe hierzu auch Detlef Hardorp: Die Welt hinter dem Fenster. Wird Raumtiefe wahrgenommen? – Die Drei Nr. 1/1989, S. 11 ff.

wird durch den Eigenbewegungssinn[177] wahrgenommen, so auch die Bewegung unserer Augen. Durch ihre Kugelform sind unsere Augen aber besondere Glieder: Sie sind in ihren Bewegungen von der Schwerkraft unabhängig.[178] Nun sind alle Eigenbewegungen der Glieder Willenstaten, aber nur die Augenbewegungen sind Willenstaten in einem schwerelosen Bereich. So sind es auch gerade die Wahrnehmungen *dieser* Willenstaten, die uns am ehesten anspornen, die Willensaktivität in der Schwerelosigkeit des *Vorstellens* zu entfalten.

Die Sinneswahrnehmung der Abbildung kann uns anspornen, die räumliche Würfelvorstellung *zu wollen*. Wenn der Mensch bloß zu sinnlichem Erleben fähig wäre, würde er hier nie einen Würfel sehen. Dass er es dennoch tut, zeugt davon, dass der Mensch die Welt in räumliche Objekte gliedert, indem er *vorstellend tätig* ist und diese *selbstgebildeten* Vorstellungen in der Welt erlebt. *Er verwechselt sie mit Sinneswahrnehmung nur dann, wenn er seine eigene Denk- und Vorstellungsaktivität nicht genügend beobachtet.*

Indem der Mensch die Glieder der Sinneswahrnehmung zu Vorstellungen zusammenfügt, ist er über die Sinneswahrnehmung hinausgehend aktiv. Gerade aus demjenigen, welches bei der Bildung von Vorstellungen über die Sinneswahrnehmung hinausgeht, können Begriffe aufsteigen: Die Begriffe werden aus den Vorstellungen ‹abstrahiert›.[179]

177 Ebd.

178 Augenbewegung in Situationen ohne Wirkung von Schwerkraft erfordert genauso viel Kraft wie in Situationen mit Schwerkraftwirkung.

179 Naturwissenschaftliche Begriffe werden meist auf diese Art gebildet. Begriffe können auch durch Wahrnehmung zu Vorstellungen verdichtet, ‹individualisiert› werden. Besonders ethische, moralische Vorstellungen werden so gebildet; vgl. Rudolf Steiner: Die Philosophie der Freiheit, GA 4.

Solche Begriffe mögen an das Sinnesdasein *gebunden* sein. Das heisst aber nicht, dass die Begriffe selber Inhalt einer Sinneswahrnehmung *sind.* Sie werden lediglich *an der Sinneswahrnehmung gebildet.*

Woher kommen Gedanken?

Im Jahre 1909 in Berlin hat Rudolf Steiner das erste Mal vor den Mitgliedern der damals Theosophischen Gesellschaft die Grundlagen einer vollständigen Sinneslehre skizziert. Die Vorträge waren schlicht mit *Anthroposophie* betitelt:[180] *Anthroposophie* als verbindendes Glied zwischen *Anthropologie* und *Theosophie,* wie er am Anfang des ersten Vortrags ausführt. Dann charakterisiert er zehn eigentliche Sinne des Menschen. Der von ihm zuletzt behandelte Sinn ist einer, den er *Begriffs-* oder *Vorstellungssinn* nennt. (Anderswo nennt er ihn später auch *Denksinn* oder *Gedankensinn.*) Mit diesem Sinn kann der Mensch nicht seine *eigenen* Gedanken, sondern *die Gedanken seiner Mitmenschen* wahrnehmen.

Inwiefern kann nun der Mensch *darüber hinaus* mit diesem Begriffssinn Gedanken wahrnehmen? Ist es denkbar, dass wir mit dem Begriffs*sinn* im Sinne Steiners auch die Gedanken, die Begriffe der Dinge der Außenwelt auffassen?

Was zunächst dagegen spricht, ist, dass sich dann die anthroposophische Sinneslehre den erkenntnistheoretischen Grundlagen der Anthroposophie diametral entgegenstellen würde: Begriffe steigen aus dem *Innenleben* der Menschenseele

180 Die ersten vier sind herausgegeben in: Anthroposophie – Psychosophie – Pneumatosophie, der fünfte in: Kunst und Kunsterkenntnis. Der Inhalt dieser Vorträge sollte dann auch in Buchform erscheinen; es kam aber nur zu einem Fragment (herausgegeben erstmals 1951 als: Anthroposophie. Ein Fragment aus dem Jahre 1910; Neuauflagen 1970 und 2002).

auf, im Gegensatz zu allem Sinnenschein, welcher die Seele herausfordert, indem er von *außen* einströmt. In der *Philosophie der Freiheit* (1894) hat Rudolf Steiner das Aufsteigen der Begriffe von innen mit «Intuition» bezeichnet. Nun wird aber der Begriffssinn dort nicht genannt. Ist der Begriffssinn eine spätere Entdeckung Rudolf Steiners, die seinen frühen, radikalen erkenntnistheoretischen Ansatz etwas mildert, indem gewisse Begriffe der Dinge der Außenwelt *doch* sinnlich wahrnehmbar sind? Unter welchen Umständen ist ein Gedanke Wahrnehmung des Begriffs- oder Denksinns, unter welchen Umständen entstammt er dem eigenen Denken oder Gedächtnis?

Wann werden Begriffe nicht durch Intuition gewonnen?

In dem vierten der fünf Vorträge über Anthroposophie als Sinneslehre äußert sich Rudolf Steiner, wenige Tage nachdem er das erste Mal über den Begriffssinn gesprochen hat, auch ausgiebig über das Verhältnis von der Außenwelt zu den Gedanken, mit denen der Mensch die Dinge der Außenwelt begrifflich erfasst. Der Anfang von diesen Äußerungen lautet folgendermaßen:

> «Der Mensch muss schon in seinem Innern nachdenken. Die Dinge denken nicht für ihn nach und sie zeigen ihm auch nicht die Gedanken von außen her, sondern er muss die Gedanken den Dingen entgegenbringen. Das ist das große Geheimnis, möchte man sagen, von dem Verhältnis der menschlichen Gedanken zu der Außenwelt. Durch die Sinnesorgane kommen dem Menschen keine Gedanken zu; so dass also, wenn die Sinnesorgane selber eine Unregelmäßigkeit haben, leicht Sinnestäu-

schungen vorkommen. Während aber im normalen Leben die Sinne nicht irren können, kann der Verstand, der sich mit den Dingen nicht in eine Beziehung setzen kann, irren. Er ist das erste Glied des Menschen, das irren kann, weil sich seine Tätigkeit innerhalb des Gehirnes staut, weil seine Tätigkeit nicht nach außen kommt. Was folgt daraus? Daraus folgt, dass es ganz unmöglich ist, dass der Mensch Gedanken über die Außenwelt hat und sich etwas Richtiges über die Außenwelt denkt, wenn er nicht in seinem Innern eine Anlage dazu hat, richtige Gedanken aufsteigen zu lassen. Niemals – das können Sie daraus sehen – könnte die Außenwelt dem Menschen richtige Gedanken geben, wenn die richtigen Gedanken nicht in seinem Innern aufsteigen würden. Richtige Sinnesempfindungen kann sie ihm geben. Die Sinnesempfindungen aber können nicht denken. Der Gedanke aber ist dem Irrtum unterworfen, und der Mensch muss die Kraft in sich haben für die Richtigkeit des Gedankens.»

Inwiefern ist es dann überhaupt berechtigt, von einem Gedanken- oder Begriffssinn zu sprechen?

Erkennen findet statt, wenn der richtige Begriff in uns aufsteigt und sich mit der Wahrnehmung verbindet. Nur an einer Stelle kann der Begriff nicht in unserem Innern aufsteigen: Das ist bei der Wahrnehmung unseres Mitmenschen, aus dessen ureigenem Ich freie Gedankenkeime in die Sinneswelt quellen. *Diese* frei keimenden Gedanken des anderen Menschen kann ich in ihrem Keimen in meinem *eigenen* Denken nicht erfassen, weil ich nicht Du bin. Ich muss mein Denken ausschalten, um genügend Du zu werden.

Rudolf Steiner hat die Notwendigkeit des Begriffssinns für eine frei werdende Menschheit schon am Ende des letzten Kapitels seiner *Philosophie der Freiheit* (1894) dargestellt:

> «Das Erkennen besteht in der Verbindung des Begriffes mit der Wahrnehmung durch das Denken. Bei allen anderen Objekten muss der Beobachter die Begriffe durch seine Intuition gewinnen; beim Verstehen einer freien Individualität handelt es sich nur darum, deren Begriffe, nach denen sie sich ja selbst bestimmt, rein (ohne Vermischung mit eigenem Begriffsinhalt) herüberzunehmen in unseren Geist. Menschen, die in jede Beurteilung eines anderen sofort ihre eigenen Begriffe einmischen, können nie zu dem Verständnisse einer Individualität gelangen.»

In der Sinneswelt wird es möglich, frei keimende Gedanken zu denken. Dies würde die in der Sinneswelt inkarnierte Menschheit zersplittern, die einzelnen Menschen zunehmend voneinander trennen, wenn der Begriffssinn es nicht ermöglichen würde, die Gedanken *direkt von Mensch zu Mensch* wieder zu verknüpfen.

Was nimmt man mittels des Gedankensinns wahr?

Der Gedankensinn ist natürlich nicht auf die Wahrnehmung *frei keimender* Gedanken beschränkt. Dort ist nur seine Notwendigkeit am leichtesten einzusehen. Mittels des Gedanken-, Begriffs-, Vorstellungs- oder Denksinnes nehme ich ohne Vermischung eigener Begriffe, ohne eigenes Urteil wahr, wie der sich mir mitteilende andere Mensch *jegliche* Gedanken in seine persönlichen, individuellen Vorstellungen prägt.

Jedes Menschen Gedanken sind zunächst durchsetzt von *seinen* persönlichen Vorstellungen. Bei jedem Menschen hat ein Gedanke eine andere Färbung, eine andere Gefühlsnuance, einen anderen Befeuerungsgrad, gerade in der Art, wie er sich den Gedanken vorstellt. Je mehr nun die *Kraft für die Richtigkeit der Gedanken* zur Geltung kommt, desto tiefer stößt das Denken zur *Universalität* der Begriffe durch. Indem aber der Mensch den persönlichen Gedankeninhalt universalisiert, individualisiert sich die universelle Denkkraft. Immer individueller wird die Art, wie der universell werdende Inhalt vom Menschen geprägt wird.

Gerade um dieses ‹Wie› der Gedankenprägung – sei es der persönlichen Alltagsgedanken oder der frei werdenden Gedankenprägung des Individuums – des in der Sinneswelt inkarnierten Menschen unmittelbar wahrzunehmen, benötigt sein Mitmensch den Denk-, Gedanken- oder Begriffssinn.[181] Dieser Sinn ermöglicht überhaupt dem Menschen, in seiner Entwicklung zwischen Geburt und Tod in den Leib des sozialen Organismus hineinzuwachsen. Nicht die Begriffe der Dinge der Außenwelt kommen dem Menschen durch den Begriffssinn zu, sondern es offenbaren sich durch diesen Sinn die Begriffe, welche in der *Innenwelt* des anderen Menschen leben.

Sinnlich wahrnehmbar sind Begriffe nur, indem ein anderer Mensch sie offenbart. Darum stellt das Kind seine unendlichen Fragen an seine Mitmenschen! Auch das Kind muss dann aus *eigener*, urteilender Denktätigkeit die Sinneswahrnehmung mit den dazugehörigen Begriffen verschmel-

181 Siehe auch den Aufsatz von Dietrich Rapp: Begriffssinn – Vorstellungssinn – Denksinn. Über die Hüllen seiner Entbindung. – Die Drei Nr. 11/1986: S. 848 ff.

zen. Das Kind entwickelt nun zunächst keine Begriffe aus persönlichem Denken, es entwickelt erst sein persönliches Denken anhand von den Begriffen, welche es von seiner menschlichen Umwelt aufgenommen hat.[182] Diese Fähigkeit des unmittelbaren Aufnehmens von Begriffen durch den Begriffssinn ist dem Kinde geschenkt. Das kleine Kind kann gar nicht anders, als in liebevoller Hingabe in seine menschliche Umgebung einzutauchen.

Je mehr aber das *persönliche* Urteil im Denken ausgebildet wird, desto problematischer wird es für den Denksinn. Das persönliche Denken erweckt das Selbst zum Selbstbewusstsein; dieses Selbstbewusstsein ist aber zunächst ein egoistisches. Das Denken des egoistischen Selbst verträgt sich nun nicht mit selbstloser Hingabe, welche für den Denksinn Voraussetzung ist. So funktioniert dieser Sinn nur, wenn das egoistische Selbst in Tiefschlaf versinkt und so nicht die Wahrnehmungsfähigkeit stört. Dieser Tiefschlaf des *eigenen* Denkens wird nur deswegen nicht bemerkt, weil das Bewusstsein ganz mit den Gedanken des *anderen* Menschen erfüllt ist. Beim Zuhören wacht mein eigenes Denken immer wieder etwas auf, um die mich erfüllenden Gedanken des Anderen durch Verstand in *meinen* Gedankenorganismus einzugliedern. In dem Maß, wie der Verstand wacht, schwindet die Wahrnehmung des Denksinns. Diese Momente des ‹Blackout› für die Denkbewegungen des Anderen aufgrund eigener Denktätigkeit werden im Gespräch auch manchmal

182 Genauer: Das Denken entwickelt sich anhand der Erringung der Eigenbewegung. Die Fähigkeit der Eigenbewegung bekommt «von innen sich ergießende Nahrung» durch den Begriffssinn (siehe den Vortrag «Menschengeist und Tiergeist» vom 17.11.1910, in: Antworten der Geisteswissenschaft auf die großen Fragen des Daseins, GA 60).

wie Bewusstseinslücken empfunden: Man weiß noch gerade, dass der andere etwas gesagt hat, hat aber gar keine Gedanken wahrgenommen (weil man eben selber dachte). Bestenfalls schlägt man eine Brücke, indem man versucht, die zuletzt gesagten Worte aus den Nachklängen der momentanen Wort-Erinnerung wieder ins Bewusstsein zu heben, um *selbst* den Sinn schnell dazu zu denken.

Was geschieht beim Zuhören?

Wie ein reines ‹Herübernehmen› von Begriffen (ohne Vermischung mit eigenem Begriffsinhalt) mittels des Begriffssinns möglich ist, beschreibt Rudolf Steiner am genauesten im ersten Anhang der zweiten Auflage von 1918 seiner *Philosophie der Freiheit*: Das Denken eines anderen Menschen wird bei der Denksinn-Wahrnehmung momentan herübergenommen in meinen Geist, so als wäre es mein eigenes. Bei der Wahrnehmung einer anderen Persönlichkeit werde ich als denkendes Wesen gezwungen, «mein Denken für die Zeit ihres Wirkens auszulöschen und an dessen Stelle *ihr* Denken zu setzen. Dieses *ihr* Denken aber ergreife ich in meinem Denken als Erlebnis wie mein eigenes. Ich habe das Denken des andern wirklich wahrgenommen.»

So erlebe ich gerade die *individuelle* Art des Begriffe-Prägens, des Begriffe-Bildens durch den anderen Menschen.[183]

---

183 Ein Begriff wird individualisiert durch die Art, wie er vorgestellt wird. Als Rudolf Steiner das erste Mal über den Denk- oder Begriffssinn sprach, hat er ihn, wie bereits erwähnt, auch *Vorstellungssinn* genannt (siehe den Vortrag vom 26.10.1909 in: Anthroposophie, GA 234).

Steiner führt weiter aus:

> «(...) es ist ein vollkommen in meinem Bewusstsein liegender Vorgang, der darin besteht, dass sich an die Stelle meines Denkens das andere Denken setzt. Durch das Sich-Auslöschen der [äußeren, leiblichen] Sinneserscheinung [des anderen Menschen] wird die Trennung zwischen den beiden Bewusstseinssphären tatsächlich aufgehoben[184]. Das repräsentiert sich in meinem Bewusstsein dadurch, dass ich im Erleben des andern Bewusstseinsinhaltes mein eigenes Bewusstsein ebenso wenig erlebe, wie ich es im traumlosen Schlaf erlebe. Wie in diesem mein Tagesbewusstsein ausgeschaltet ist, so im Wahrnehmen des fremden Bewusstseinsinhaltes der eigene. Die Täuschung, als ob dies nicht so sei, rührt nur davon her, dass im Wahrnehmen der andern Person erstens an die Stelle der Auslöschung des eigenen Bewusst-

---

184 Im Vortrag vom 29.8.1919 in: Allgemeine Menschenkunde als Grundlage der Pädagogik (GA 293) beschreibt Rudolf Steiner das «Vibrieren der Seele» zwischen «Hingabe an den Anderen» und «innerlichem Wehren» als Grundgeste des Ich-Sinns und verweist darauf, dass er diesen Sinn in der Neuauflage seiner Philosophie der Freiheit, GA 4, charakterisiert hat. Tatsächlich beschreibt er in der Neuauflage hauptsächlich das «Vibrieren der Seele» als Grundgeste des *Denksinns*. Offensichtlich sind Denk- und Ich-Sinn verschiedene Aspekte *eines Sinneskontinuums* mit derselben oszillierenden Grundgeste. Man kann sie als einen Sinnesbereich, aber auch als zwei ansehen. Wenn «die Trennung zwischen den beiden Bewusstseinssphären tatsächlich aufgehoben» wird, geht es offensichtlich um den Ich-Sinn, der an den Denksinn angrenzt und in ihm mitschwingt. Insofern Gedanken aktuell von einem Denker erzeugt werden, gibt es immer die Möglichkeit, die Aufmerksamkeit mehr auf die *erzeugten Gedanken* oder auf den *erzeugenden Denker* zu lenken. Somit besteht vom Denk- zum Ich-Sinn ein gleitender Übergang.
– Die zwischen Sympathie und Antipathie oszillierende Grundgeste kann sehr verschiedene Qualitäten haben, sogar bis dahin, dass Ich- und Du-Raum in einem gemeinsamen Raum jenseits von Sympathie und Antipathie verschmelzen.

seinsinhaltes nicht Bewusstlosigkeit tritt wie im Schlafe, sondern der andere Bewusstseinsinhalt, und zweitens, dass die Wechselzustände zwischen Auslöschen und Wiederaufleuchten des Bewusstseins von mir selbst zu schnell aufeinander folgen, um für gewöhnlich bemerkt zu werden.»[185]

In seinem «Anthroposophie»-Fragment hatte es Steiner acht Jahre früher so formuliert: «Der Mensch kann das, was er in eigener Seele als Begriff erleben kann, auch von einem fremden Wesen offenbarend empfangen. (...) Der Mensch nimmt mit dem Begriffe, der in einem anderen Menschen lebt, dasjenige wahr, was in ihm selbst seelenhaft lebt.»[186] Es lebt in ihm selbst seelenhaft, weil das Denken des Anderen von derselben Natur wie das eigene Denken ist und weil es im Moment der Begriffswahrnehmung «rein in unseren Geist herübergenommen» wird, als wäre es das eigene, «ohne Vermischung mit eigenem Begriffsinhalt»[187].

Die Qualität des sozialen Lebens hängt nun sehr davon ab, wie der Mensch aus diesem «Herübernehmen», diesem «schlafenden Zuhören» aufwacht[188]. Weil das Kind sein Selbstbewusstsein durch die Ausbildung der selbstbezogenen Persönlichkeit erlangt, ist der Moment des Aufwachens

---

185 Rudolf Steiner: Die Philosophie der Freiheit (GA 4), Erster Anhang 1918.

186 Siehe: Anthroposophie. Ein Fragment (GA 45), Auflage von 1970: S. 38, Auflage von 2002: S. 30.

187 Aus dem zuvor zitierten letzten Kapitel von Rudolf Steiners Philosophie der Freiheit (GA 4), 24 Jahre vor den gerade zitierten vertieften Ausführungen im ersten Anhang zur Neuauflage 1918 geschrieben. Die Entdeckung des Begriffsinns hat Steiner sein Leben lang vertieft.

188 Zu den Ausführungen über das soziale Leben siehe auch die Vorträge von Rudolf Steiner vom 6. und 12.12.1918 in: Die soziale Grundforderung unserer Zeit (GA 186), und den ersten Vortrag zur Delegiertenversammlung vom 27.2.1923 in: Anthroposophische Gemeinschaftsbildung (GA 257).

mit einer aggressiven Selbstbehauptung verbunden. Wenn sie erlahmt, schläft das Kind in die Gedanken des anderen wieder ein. Insofern der Mensch seine soziale Entwicklung nicht bewusst in die Hand nimmt, bleibt das auch so im Erwachsenenalter.

Durch Selbstbeobachtung kann man sich wiederum im Erwachsenenalter bewusst werden von dem antisozialen Charakter des Aufwachens der Persönlichkeit zu ihrem eigenen Denken. Wenn man aus diesem Bewusstsein die eigene Persönlichkeit dämpft, entsteht aber ein benebeltes Dasein, welches aus dem Mitschaffen im sozialen Zusammenhang herausfällt. An der Schwelle des Aufwachens befindet man sich *unausweichlich* zwischen dem Schlaf des hingebungsvollen Zuhörens und dem antisozialen Charakter des eigenen Denkens.

Wie wirken Zuhören und Denken aufeinander?

Es kann vorkommen, dass man intensiv einem anderen Menschen zuhört und die Gedanken, die er lebendig darstellt, in ihrer Fülle und Tiefe erlebt und voll versteht; kurz darauf erinnert man sich an die Fülle, die Tiefe, das Erquickliche der lebendig dargestellten Gedanken, vermag aber kaum etwas von ihrem Inhalt wiederzugeben. Eigenständiges Verstehen ist etwas völlig anderes als das unmittelbare Verstehen während des Denksinn-Wahrnehmens. Bei letzterem blühen die Gedanken zwischen Sprechendem und Zuhörendem auf und leben sich dabei momentan in den Begriffsorganismus des Zuhörers hinein[189], *bleiben aber von der Denkkraft des Anderen*

189 Siehe auch das 7. Kapitel des «Anthroposophie»-Fragments (GA 45) Rudolf Steiners aus dem Jahre 1910.

getragen: An der Stelle des *eigenen* Denkens wirkt das *andere* Denken. Ob man die Gedanken des Anderen hinterher aus *eigener* Denkkraft wiederzugeben vermag, hängt davon ab, inwieweit man sie auch eigenständig denken kann.

Nach einer Weile des Hingegebenseins an das Denken *des Anderen* kann die Einwirkung der Denkwahrnehmung auf den eigenen Lebensorganismus, dieses Wurzelschlagen des fremden Denkens im eigenen Begriffsorganismus, als ein immer weniger erquicklicher Eingriff empfunden werden, was das *eigene* Denken zur Abwehr wachrüttelt. Wenn man demzufolge die eigene Denkbewegung durch Worte oder Gesten äußert, beginnt der eben beschriebene Vorgang, nun mit vertauschten Rollen, wieder von vorne. So kommt es zu einem schnellen Wechsel zwischen Auslöschen und Wiederaufleuchten des eigenen Bewusstseins.

Dieser Wechsel kann nun auf die mannigfaltigsten Weisen mit Leben erfüllt werden, gerade indem ich mein Denken schule, *im Aufwachen* weniger persönlichkeitsbezogen zu sein. Je universeller mein Denken, desto länger kann es bis ins Aufwachen hinein noch dem fremden Gedanken ergeben bleiben, um dann *aus ihm heraus* zur eigenen Stärke zu erblühen. Sofort besteht aber die Gefahr, sich nun an der eigenen Denkstärke zu ergötzen, und deshalb nicht recht in das andere Denken wiederum einschlafen zu können. Ein rechter Rhythmus muss sich einstellen zwischen eigener Denkkraft und frommem, hingebungsvollem Zuhören. Wenn das geschieht, kann sich das Gespräch in einen gemeinsamen Raum seelisch-geistiger Innigkeit erheben. Diese Art Gespräch nährt Seelen. Sie ist das Baumaterial der sozialen Kunst.

Nun ist es möglich, dass die Ausbildung des selbstbezogenen Denkens – der Intellektualität – einen so weit von der Umwelt abkapselt, dass man nicht mehr für fremde Gedanken durch den Gedankensinn aufnahmefähig ist. Es ist kein Wunder, dass in einer Zeit ‹cooler› Egoität die Bereitschaft, in die Gedanken eines anderen Menschen ‹einzuschlafen›, sie wie die eigenen zu ‹denken›, erheblich abnimmt. Das Kind ist davor noch bewahrt, es kann gar nicht anders als die Gedanken, die es umgeben, intensivst zu erleben, lange bevor es sie eigenständig denkt. Der Erwachsene, besonders wenn er irgendeine intellektuelle Schulung durchgemacht hat (und wer tut das heute nicht?), ist der Gefahr ausgesetzt, sich so in seine *eigenen* Gedanken hineinzuleben, dass ihm die Disposition für diese ursoziale Fähigkeit schwindet. Er spricht fortwährend nur seine eigenen Gedanken aus; wenn er nicht spricht, denkt er sie. Des wahren Zuhörens ist er nicht mehr fähig. Wenn man sein eigenes Denken stärkt, ist es nötig, zugleich den anderen Pol zu pflegen: die Hingabe an das Andersartige. Nur so kann das Antisoziale des eigenen Urteils in das soziale Ganze eingegliedert werden. Die Hingabe zum anderen Wesen wird gepflegt, gerade wenn man willentlich sein eigenes Denken zum Schweigen bringt, so weise es auch sein mag; sonst ist es wie ein an der Wasseroberfläche sich spiegelndes Licht, das den direkten Einblick in das Innere des Wassers verblendet.

Durch die in Klarheit gewollte Stärkung des Denkens wird man zur vollen Individualität. Aus der aus Bewusstsein unternommenen Pflege der Hingabe zum anderen Menschenwesen baut man Gemeinschaft. Das eine kann ohne das andere nicht bestehen: Je tiefer in das eine eingedrungen wird, desto tiefer kann man in das andere hineinkommen. Wenn eines vernachlässigt wird, verflacht beides: Spinnt sich der Mensch zunehmend in selbstbezogene Gedanken ein, wird der Begriffssinn verdunkelt und kann keine fremden Gedanken mehr aufnehmen.

Wie nehmen wir Begriffe beim Lesen wahr?

Unter welchen Umständen ist ein Gedanke Wahrnehmung des Begriffs- oder Denksinns, unter welchen Umständen entstammt er dem eigenem Denken oder Gedächtnis? Eingangs stellten wir diese Frage und vertieften sie bezüglich des *Zuhörens*. Wie ist es nun beim *Lesen* anders als beim Zuhören? Wie nehmen wir Begriffe beim Lesen wahr?

Man kann von einer *sinnlichen* Wahrnehmung sprechen, «wo eine Erkenntnis zustande kommt ohne Mitwirkung des Verstandes, des Gedächtnisses usw.»[190]. Gerade diese für die Sinneswahrnehmung notwendige Bedingung ist Rudolf Steiners Ausgangspunkt beim Einführen der über den Hörsinn hinausgehenden oberen Sinne in dem Fragment seines Buches *Anthroposophie*.

Beim Lesen brauche ich nun fortwährend Verstand; ohne ihn erlebe ich nur den Wortlaut und verstehe nicht die dahinter webenden Gedanken. Nur aus eigener Denk- und Vorstellungskraft kann ich beim Lesen Gedanken wahrnehmen. Ich bilde mir zwar die Gedanken *an* der Sinneswahrnehmung des Geschriebenen; das heißt aber nicht, dass die Gedanken sinnlich wahrnehmbar in der Schrift enthalten sind. Bei einem Buch kann ich mich nur durch meinen

---

190 Anthroposophie. Ein Fragment aus dem Jahr 1910 (GA 45), Auflage 1970: S. 35, Auflage 2002: S. 27 f.

wachen, zum Denken fähigen Verstand zu den Gedanken hindurcharbeiten. Die Gedankenwahrnehmung ist dabei eine übersinnliche.

Bei der Wahrnehmung mittels des Begriffs-, Gedanken- oder Denksinns ist es genau das Gegenteil: Während mein Verstand wacht, kann ich nichts durch diesen Sinn wahrnehmen. Unmittelbar meine Mitmenschen verstehen kann ich nur, wenn mein Verstand zum Einschlafen bereit ist, und ich dann während der Wahrnehmung mittels dieses Sinnes in der Denkkraft des *anderen* Menschen hingebungsvoll lebe. Rudolf Steiner hat den Wahrnehmungszusammenhang des Denksinns einmal folgendermaßen charakterisiert:

> «... wenn ich das Wort wahrnehme, so lebe ich mich nicht so intim in das Objekt, in das äußere Wesen hinein, als wenn ich durch das Wort den Gedanken wahrnehme. Da unterscheiden die meisten Menschen schon nicht mehr. Aber es ist ein Unterschied zwischen dem Wahrnehmen des bloßen Wortes, des sinnvoll Tönenden, und dem realen Wahrnehmen des Gedankens hinter dem Worte. *Das Wort nehmen Sie schließlich auch wahr, wenn es gelöst wird von dem Denker durch den Phonographen, oder selbst durch das Geschriebene. Aber im lebendigen Zusammenhange mit dem Wesen, das das Wort bildet, unmittelbar durch das Wort in das Wesen, in das denkende, vorstellende Wesen mich hineinversetzen, das erfordert noch einen tieferen Sinn als den gewöhnlichen Wortsinn, das erfordert den Denksinn, wie ich es nennen möchte*. Und ein noch intimeres Verhältnis zur Außenwelt als der Denksinn gibt uns derjenige Sinn, der es uns möglich macht, mit einem anderen Wesen so zu fühlen, sich eins zu wissen, dass man es wie sich selbst

empfindet. Das ist, wenn man *durch das Denken, durch das lebendige Denken, das einem das Wesen zuwendet*, das Ich dieses Wesens wahrnimmt, der *Ichsinn.*»[191]

Man sollte dabei «Wort» und «Gedanke» nicht zu eng denken. Der Wahrnehmungsbereich des Laut- oder Wortsinnes beinhaltet im Sinne Steiners auch die gesamte Gebärdensprache des Menschen, einschließlich aller zum Ausdruck kommenden seelischen Regungen, sofern sie *unmittelbar* wahrgenommen werden.[192] Auch das Denken als Regung der Seele kann sich bis in die Mimik ausdrücken und entsprechend mittels des Denksinns wahrgenommen werden; insofern das Ich in der Seele zum Ausdruck kommt, kann es durch den Ichsinn wahrgenommen werden. So kann auch ein schweigendes Miterleben des Anderen ein Wahrnehmungsfeld für diese drei oberen Sinne sein[193].

Der Begriffssinn ermöglicht ein «Untertauchen in ein anderes Wesen (...) bis zur Empfindung dessen, was in ihm als Begriff lebt».[194] Beim (sinnlichen) Eintauchen in die fremde Ichheit wird erst ihre Denkregung (sinnlich) wahrgenommen, bevor man, davon bereichert, zu seinem eigenen Denken erwacht. Beim *Lesen* ist es genau umgekehrt: Man muss erst zu seinem eigenständigen Denken erwachen, bevor man die Gedanken des Anderen (nun übersinnlich!) wahrnehmen kann.

191 Zitat aus dem Vortrag vom 12.8.1916 in: Das Rätsel des Menschen (GA 170).

192 Siehe zu diesem eigenständigen Sinnesbereich insbesondere auch die umfangreichen Ausführungen von Peter Lutzker in: Der Sprachsinn. Sprachwahrnehmung als Sinnesvorgang. Stuttgart 2017, 382 S.

193 Zusammen mit dem Hörsinn werden Laut- oder Wort-, Denk- und Ich-Sinn auch ‹obere Sinne› genannt.

194 Anthroposophie. Ein Fragment (GA 45), Auflage 1970: S. 37, Auflage 2002: S. 30.

Wenn ich Geschriebenes in einem Buch lese, stehe ich vor den fremden Gedanken auf ähnliche Art, als wenn ich vor der Natur stehe. Ich merke: Hier waren Wesen schöpferisch tätig – aber ich stehe nur vor dem fertigen Werk. Dieses Werk lässt mich zwar anhand seiner geronnenen Gesten erahnen, dass es aus lebendigem Schöpfertum entstanden ist, aber *innerhalb der Sinneswahrnehmung dringe ich nie zu den schöpfenden Wesen vor,* weil sie in den sich mir offenbarenden geronnenen Gesten des fertigen Werkes nicht mehr anwesend sind.

In der Schrift ist der gesamte Inhalt enthalten; ich muss ihn nur lesen lernen. Ich kann nur lesen lernen, indem ich meine Denkaktivität schule, selbst die Sprache zu formen. Beim Lesen forme ich dann die Gesten innerlich nach und erlebe ihre Gebärden. Mein eigener Denkwille muss sie dann so in Fluss bringen, dass mein Denken den *Zusammenhang* der Gebärden – den unoffenbaren Gedanken – ergreifen kann. Beim Lesen steht mir eben kein ebenbürtiger Denker gegenüber. Gegeben sind mir nur die Buchstaben, die wie versteinerte Zeichen früherer Denkbewegungen erstorben vor mir liegen; zu den Denkbewegungen, die sich zu diesen Buchstaben und Worten niederschlugen, stoße ich nur durch, wenn ich die Worte aus *eigenem* Denkwillen wieder in Fluss und so die Gedanken wieder zum Erklingen bringe. «Der Leser versteht, weil er den gebotenen Text selbst mit Sinn erfüllt. (...) Und nicht nur das Denken stellt Beziehungen her, sondern eine Kraft, die wohl auch das Denken dazu erst impulsiert: die Phantasie», so Michael Bockemühl in seinem ausgezeichneten Aufsatz «Lesen und Verstehen» [195]. Ich verstehe beim Lesen immer nur so viel, wie ich *eigenständig denkend* vollziehen kann. Darüber hinaus kann ich höchstens noch Worte nachplappern.

Lese ich beim Zuhören?

Ich kann nun einem Menschen auch unverbindlich *zuhören*, indem ich seine Worte wie aus einem Buch zusammenlese, also ohne dabei auf *sein* Denken aufmerksam zu sein. Menschen mit erkranktem Denksinn sind sogar auf diese Art des Zuhörens angewiesen. Sie hören Worte hintereinander, die sie dann aus *eigener* Denkkraft zu Gedanken zu verbinden und zu beleben versuchen. Wenn ich einem anderen Menschen auf diese Art zuhöre, während er spricht, werde ich ihn schon gewissermaßen verstehen können, obwohl sich der andere nie richtig verstanden fühlt. Die verbindende Wesensbegegnung (durch die Wahrnehmung des Ich- bzw. Du-Sinns), wofür die Wahrnehmung des Denksinns durchlässig wird und die bei jeder Wahrnehmung des Denksinns mitschwingt, wird beim ‹lesenden› Zuhören eines sprechenden Menschen umgangen, weil der Denksinn überhaupt umgangen wird (und damit dem Ich- bzw. Du-Sinn seine Grundlage entzogen ist). Bei dieser Art des Zuhörens findet *keine Wesensbegegnung* statt. Diese Art des Gesprächs ist nicht ‹erquicklicher als Licht›.

Höre ich Sprache von einem Tonträger oder im Radio, ist sinnlich wesentlich mehr Wahrnehmungsinhalt gegeben als beim Lesen: Der durch einen Lautsprecher wiedergegebene ferne Sprecher vermittelt seine Intonation, seinen Sprach-

---

195 Erschienen in: Lesen im anthroposophischen Buch. Ein Almanach, Verlag Freies Geistesleben 1987.

rhythmus usw., die Träger einer ganzen Seelenwelt sind.[196] Durch Betonungen im Sprachfluss kann auch ein bestimmtes Verstehen beim Zuhörenden angeregt werden. Somit ist der so vermittelte Inhalt sinnlich reicher und leichter verständlich als beim Lesen. Ein genaues seelisches Beobachten wird aber bemerken, dass man beim Zuhören einer Sprachkonserve oder am Telefon die Gedanken des Anderen *nicht* mit derselben Unmittelbarkeit wahrnimmt, als wenn man von Angesicht

196 Auf die artikulierte Struktur der Wörter reagieren Menschen mit einer exakt synchronisierten Bewegung, die der des Sprechers entspricht (‹entrainment› genannt). Das wurde von William S. Condon erforscht. «Eines der für Condon selbst bedeutendsten und überraschendsten Ergebnisse dieser einmaligen Untersuchung über die Beziehung zwischen gesprochener Sprache und Bewegung war die Erkenntnis, dass es nicht nur eine stetige und exakte Koordination der Bewegung des Sprechers mit seinen Worten gibt, sondern dass der *Hörer* sich fast ebenso gut exakt synchron zur artikulierten Struktur der Worte des Sprechers bewegt.» Weiterhin «wurde festgestellt, dass eine Synchronisierung mit Lauten, die nichts mit Sprache zu tun haben, nicht stattfindet. Es wurde auch nachgewiesen, dass es bei einem zwei Tage alten amerikanischen Säugling zu einer Entrainment-Reaktion auf chinesische Sprache kam, während er keine Synchronizität der Bewegung mit Klopfgeräuschen und zusammenhanglosen Vokalen zeigte. Die gleichen Resultate wurden unter Verwendung von Tonbandgeräten ein weiteres Mal erzielt.» So fasst Peter Lutzker Experimente von William S. Condon und L. W. Sander zusammen, die bereits 1974 in «Science» veröffentlicht wurden (siehe Peter Lutzker: Der Sprachsinn. Sprachwahrnehmung als Sinnesvorgang. Stuttgart 2017, 382 S.).
In einem handschriftlichen Textstück Steiners, welches im Fragment seines Buches *Anthroposophie* unter der Überschrift des Herausgebers «Über Hören und Sprechen» als Anhang abgedruckt wurde (siehe S. 186 ff. in der Ausgabe von 2002), grenzt Steiner die Wahrnehmung des Tons eines leblosen Gegenstandes vom empathischen Lauschen von Menschenlauten ab. Nach einer längeren Ausführung folgert er, «dass der Hörende beim Laut eines Menschen sein Ich an ein fremdes Ich hingibt, beim Ton eines leblosen Gegenstandes nur an den Ton selbst. Das hörende Ich fühlt sich beim Laute veranlasst, durch diesen hindurchzudringen, beim Ton des leblosen Gegenstandes nicht.» Zuvor hatte er vom «Mysterium des *Mitgefühls* mit einem fremden Ich» geschrieben und dieses so charakterisiert: «Der Mensch fühlt das eigene Ich in dem fremden. Vernimmt er dann den Laut des fremden Ich, so lebt das eigene Ich in diesem Laut und damit in dem fremden Ich.»

zu Angesicht zusammenkommt, auch wenn das Mitfühlen mit einem fremden Ich rein durch die Lautebene noch vermittelt werden kann. Tatsächlich muss man *kontinuierlich* die Gedanken des Anderen innerlich *voll im Wachbewusstsein verfolgen.* Es ist kaum möglich, in die Gedanken des Anderen sinnlich ‹einzuschlafen›, während dieser ins Telefon zu einem spricht oder wenn man einem Tonträger zuhört.

Eine gewisse Wesensbeziehung kann beim Telefonieren dennoch entstehen. Sinnlich, indem das Ich des Zuhörers «den Laut des fremden Ich» vernimmt und dadurch empathisch «in diesem Laut und damit in dem fremden Ich» leben kann (siehe das Zitat am Ende der letzten Fußnote). Weiterhin kann eine Beziehung auch an ein inneres Bild anknüpfen, wenn man ein inneres Bild vom Wesen des Menschen in sich trägt, mit dem man nicht unmittelbar, aber mittelbar kommuniziert. Diese Wesensbeziehung ist aber nicht sinnlicher Natur. Sie entsteht, indem man seine seelische Aufmerksamkeit *nach innen* richtet. Bei Sinneswahrnehmungen von Denk- und Ich-Sinn wird die Aufmerksamkeit *nach außen* gerichtet. – Beim Lesen ist es noch leichter festzustellen, dass eine Wesensbegegnung nicht durch die menschliche Sinnesorganisation vermittelt wird, sondern *übersinnlich*, durch das *eigene* Denken und Fühlen. Beim Lesen kann ich bemerken, dass der in die Schrift hineingestorbene Gedanke durch meinen Denkwillen quasi leicht ‹erzittert› und so in meinem Denken fein zu erklingen anfängt. In dem Maße, in welchem *ich* ihn erneut prägte, kann mir sein Wesen erklingen. Je größer der sich mir so offenbarende geistige Zusammenhang, desto mehr wird mein ich-gewolltes Denken zum Träger des Wesens, das das mir gegenüberstehende Werk schuf. So ist das Lesen der Anfang des bewussten Eindringens in die übersinnlichen Welten des Geistes.

Es können die Gedanken in einem Buch aber auch in so feste Vorstellungsklumpen erstarrt sein, dass sie des Erklingens nicht mehr fähig sind. Die erstorbenen Gedanken sind unter die Schwelle der Belebbarkeit gesunken. Es kann auch sein, dass sie beim Schriftsteller nie lebendig waren. Dann werden nur tote Vorstellungen, in Schemen zusammengefasst, anhand von Wortassoziationen starr aneinandergereiht. In beiden Fällen kann mein Denken zu keiner Gedankenwahrnehmung mehr kommen.

Denken, Denksinn, Charakter und Ichsinn – ein Durcheinander

Oft genug wird nicht sauber zwischen der *eigenen* Denktätigkeit und Vorstellungsbildung und dem Wahrnehmungsbereich des Denk- oder Begriffs*sinns* unterschieden; ebenso wird der Inhalt des Ich-Sinns verkannt: Man verwechselt den Charakter mit dem Ich. Klassische ‹Verirrungen› sind: [197]

Immer wieder wird dem Gedankensinn eine Rolle beim *Lesen* zugeschrieben. Die seelische Selbstbeobachtung zeigt aber, dass es sich hierbei eigentlich um die an den Wortwahrnehmungen entfachte eigene Denkaktivität handelt.

- Auch wird die eingangs erwähnte und für unsere irdische Wirklichkeit maßgebende Vorstellungstätigkeit mit einem Sinn für Gestalt verwechselt.

197 In einer ausführlicheren Fassung dieses Aufsatzes geht der Autor noch detaillierter in die Darstellung der hier nur kurz angerissenen Abwege ein. Die ausführliche Fassung kann von www.sehenundschauen.ch heruntergeladen werden.

- Subtiler zu durchschauen ist die Meinung, man nehme mit dem Denksinn die Bedeutungsinhalte der Sprache wahr. Abgesehen davon, dass hier Laut- und Denksinn miteinander vermischt werden, wird mittels des Denksinns wahrgenommen, dass und wie ein anderer Mensch denkt, wenn er selbst denkend etwas mitteilt über das dabei Gedachte.
- Und schließlich sei noch ein Abweg in Bezug auf den Ich-Sinn erwähnt. Anstatt der Vergegenwärtigung eines anderen Ich in der physischen Welt wird der Charakter, also eher etwas, was mit der Persönlichkeit zu tun hat, als Wahrnehmungsinhalt des Ich-Sinns beschrieben. Es ist offensichtlich, wie sehr gerade dadurch die spirituelle Dimension des Ich-Sinns verkannt bzw. verstellt wird: Anstatt auf die einzig für den Menschen gegebene Tatsache eines individualisierten Ich zu schauen und diese entsprechend zu würdigen, wird der Blick auf Anteile der Persönlichkeitsstruktur gelenkt, die mehr dem seelischen Feld entspringen.
- So wie man aber die Signatur eines Menschen – auch wenn sie ein eindeutiges Zeichen für die Persönlichkeit sein mag – nicht mit seinem Ich-Kern verwechseln würde, sollte man nicht den Stil eines Menschen mit seiner Individualität verwechseln. In jedem Erdenleben prägt die Individualität ihren ureigenen Stil – aber sie ist nicht der Stil.
- Genau wie beim Lesen können bei Kunstwerken der bildenden Kunst Denk- und Ich-Sinn nichts wahrnehmen. Die schöpferische Tätigkeit ist im Werk bildhaft geronnen, welches erst durch die künstlerische Tätigkeit des

Betrachters – auf welche das Kunstwerk harrt – wieder ins Werden gehoben wird. Das Erleben dieser Tätigkeit, dem Mit-Schöpfen im Anschauen, unterscheidet ja das Kunsterlebnis vom bloßen Anglotzen.

- Bei den darstellenden Künsten (wie Musik, Schauspiel oder Eurythmie) sind nun die schöpferische Tätigkeit des Künstlers und die schöpferische Tätigkeit des Zuschauers bzw. Zuhörers ineinandergeschoben. Es entsteht ein gemeinsamer innerer Raum des Werdens. Insofern der Künstler aus Ich-Kraft Kunst erzeugt, können freilich alle oberen Sinne des gegenwärtig anwesenden anderen Menschen am Wahrnehmen beteiligt sein. In solch einem «lebendigen Zusammenhang mit dem Wesen, das das Wort schöpft» – aber schon nicht mehr beim Phonographen, beim Film, beim Buch oder beim Betrachten eines Gemäldes oder einer Skulptur – können Denk- und Ichsinn ein unmittelbares Hineinversetzen in das andere Menschenwesen bzw. ein «Empfinden des anderen Wesen wie sich selbst» vermitteln.[198]

All solche Verstellungen beruhen auf der Unkenntnis über die eingangs erläuterte Konstitution unserer Wirklichkeit. Hierauf sei abschließend noch einmal eingegangen.

Gibt es nur die Sinneswelt?

Es bleibt für die konventionelle Wissenschaft generell ein Problem, inwiefern das Denken etwas mit der ‹Wirklichkeit›, welche sie sich vollständig außerhalb jeglichem denkenden Erkennen irgendwo vorstellt, zu tun haben kann. Besonders

198 Beide Kurzzitate aus dem Vortrag vom 12.8.1916 in *Die Rätsel des Menschen* (GA 170) wie bereits weiter oben zitiert.

auffällig – aber mehr oder weniger gänzlich beiseite geschoben – ist die Frage, warum sich gerade die Mathematik, die sich ja rein im Denken abspielt, so hervorragend auf die ‹wirkliche Welt› anwenden lässt.[199] Alle diese Probleme wären gelöst, wenn man bisher verborgene Sinne entdecken könnte, mit denen der Mensch die *Begriffe* der Dinge der Außenwelt *sinnlich* wahrnähme (wie zum Beispiel den Begriff Würfel): Das Denken wäre dann deswegen auf die Sinneswelt anwendbar, weil es Begriffe handhabte, die noch in den Dingen stecken, und durch einen Begriffssinn lediglich in die Menschenseele hereingespiegelt würden. Dann wäre die gesamte Wirklichkeit in der Welt draußen und würde sich uns konsequent ganz durch die Sinne offenbaren. – Die seelische *Beobachtung* der eigenen Denk- und Vorstellungstätigkeit lehrt allerdings, dass es nicht so ist.

Entfällt diese Beobachtung, kommt man leicht zu dem Fehlurteil, dass man die Welt nur durch Sinneswahrnehmungen kennen würde. Mit jedem Wegfall eines Sinnes würde Stück für Stück die Wirklichkeit wegfallen, bis zuletzt – mit dem Wegfall des letzten Sinnes – nichts mehr übrig bleibt. Wer so denkt, dem ist der Anteil des Denkens am Zustandekommen der Wirklichkeit aus dem Auge geraten.

Durch ein solches Missverständnis werden einerseits die Sinnesfelder inhaltlich mit eigentlich übersinnlichen,

199 Damit verbundene Fragestellungen sind im Abschnitt «Mathematik wird Anthroposophie« zu Beginn des Aufsatzes «Zwei biographische Schlüsselerlebnisse Rudolf Steiners. Zur Entwicklung und Ausbreitung der Waldorfpädagogik» angeschnitten worden (in: Basiswissen Pädagogik: Reformpädagogische Schulkonzepte, Band 6: Waldorf-Pädagogik, Hohengehren 2002). Vertieft wurden sie in Detlef Hardorp: Mathematik als die erste Stufe übersinnlicher Anschauung und ihr Bezug zur Sinneswelt. – Die Drei, Nr. 5/1989: S. 344 ff.

nämlich dem Denken zugänglichen Inhalten überfrachtet (Bedeutungen sollen durch die Sinne wahrgenommen werden) und andererseits wird das Tor zum Übersinnlichen geschlossen, weil es dieses mit Blick auf die Wirklichkeit nicht mehr gibt, es ist ja ganz vom Sinnlichen verschluckt worden.

Die Bedeutung der Welt wird also in diesen ‹Verirrungen› gleich *innerhalb der Sinneswahrnehmung* mitgeliefert. Solange man sich nicht aufschwingt, während des Beobachtens der Welt auch seiner eigenen Seelentätigkeit gewahr zu werden und sie als Phänomen gewähren zu lassen, bleibt der wissenschaftliche Ansatz einseitig. Ohne Aufmerksamkeit auf die eigene Seelentätigkeit wird konventionelle Wissenschaft so weiterlaufen, wie sie es halt tut, und wie es ihr schon Francis Bacon vorausgesagt hat – aber an Goethe und Steiner vorbei.

Der einzige Quell von lebendigen Gedankenkeimen, der sich auch in der Werkwelt[200] wesenhaft offenbaren kann, ist der Mensch. Die anorganische Natur offenbart ohne menschliches Denken als «Dolmetsch, der die Gebärden der Erfahrung deutet»[201], keine der Begriffe, mit denen sie sich begreifen lässt; diese Begriffe – und mit ihnen jegliche Bedeutung – müssen *im Innern* des Menschen aufsteigen. Die organische Natur offenbart ihre Begriffe in dem Maße, in dem der sie erkennende Mensch zu übersinnlicher Wahrnehmung aufsteigt und damit das Denken nicht nur als «Dolmetsch der Gebärde der Erfahrung» auftritt, sondern *selbst* Erfahrung

200 Vergleiche Rudolf Steiner: Anthroposophische Leitsätze (GA 26), Leitsatz Nr. 112.
201 Siehe das 11. Kapitel «Denken und Wahrnehmen» von Rudolf Steiner: Grundlinien einer Erkenntnistheorie der Goetheschen Weltanschauung (GA 2).

wird.[202] Das darin zu erlebende Gedankenkeimen ist nur in der Welt der Wirksamkeit aufzufinden, nicht in der Welt des Werkes, dem die sinnliche Organisation des Menschen zugewandt ist.

Der Wahrnehmungsquell *eigener* Gedankenkeime ist die Intuition. Dieser Quell ist *übersinnlich.* Das der Werkwelt zugewandte *sinnliche* Wahrnehmungsorgan des Begriffs- oder Denksinns ist Wahrnehmungsquell für das einzige Begriffsleben, das sich in der Werkwelt wesenhaft offenbaren kann: das Gedankenkeimen eines *anderen* Menschen.

---

202 Siehe z. B. «Über das Wesen und die Bedeutung von Goethes Schriften über organische Bildung», in: Rudolf Steiners Einleitungen zu Goethes Naturwissenschaftlichen Schriften (GA 1).

Nachwort

Alle Kapitel im Hauptteil dieses Buches entstammen der Feder von Dietrich Rapp (8.4.1941–30.3.2017). Die zwölf Abschnitte im Kapitel «Die 12 Sinne» erschienen bereits als einzelne Aufsätze in der Monatszeitschrift «Die Drei» im Zeitraum Dezember 2011 bis Januar 2013. Sie sind die Frucht einer jahrelangen Zusammenarbeit von Dietrich Rapp und mir, weshalb Dietrich Rapp darauf bestand, diese Artikel unter unser beider Autorenschaft erscheinen zu lassen.

Für die vorliegende Buchausgabe wurden die Artikel noch einmal leicht bearbeitet. Die Abschnitte zu den unteren Sinnen konnten Dietrich Rapp und ich noch bis März 2017 zusammen bearbeiten. Für die weiteren Sinne erfolgte die Überarbeitung aufgrund von handschriftlichen Eintragungen von Dietrich Rapp in die Druckfassungen der «Die Drei»-Artikel aus seinem Nachlass.

Die «Die Drei»-Artikel bilden den Kern des vorliegenden Buches. Sie werden umrandet von zwei einleitenden grundlegenden Artikeln zur Sinnesforschung Rudolf Steiners und einem umfassenden Aufsatz von Detlef Hardorp im Anhang. Detlef Hardorp arbeitete ebenfalls jahrelang zusammen mit Dietrich Rapp schwerpunktmäßig an den oberen Sinnen. Zwar fokussiert sein Beitrag primär auf den Denksinn. In seinen dafür notwendigen grundsätzlichen Überlegungen aber behandelt der Aufsatz weitere unumgehbare Grundlagen für ein sachgemäßes Verständnis aller zwölf Sinne – und damit auch der hier vorgelegten Beiträge zu den zwölf Sinnen.

Die Motive zu der intensiven gemeinsamen Arbeit von Dietrich Rapp und mir an einem Verständniszugang zu den zwölf Sinnen waren vielfältig:

- Dem spirituell-monistischen Erkenntnisansatz Rudolf Steiners kann nur genüge getan werden, wenn ein klares Verständnis über und ein klarer Bezug zu den zwölf Sinnen entwickelt werden kann. Nur wenn die Rolle der Sinne beim Zustandekommen der Wirklichkeit in der Vereinigung von Wahrnehmen und Denken sachgemäß durchschaut werden kann, kann auch ein sachgemäßes Verhältnis zu den höheren Erkenntnisarten (Imagination, Inspiration, Intuition) entwickelt werden.
- Die Erlösung der Sinneserfahrung aus einer Gefangenschaft in materialistischen Vorstellungen, ohne dabei sinnesflüchtig zu werden, ist ein zutiefst christliches Anliegen. Das Motiv, die Sinneswelt nicht als abfallende Asche zurückzulassen, sondern mit ins Geistige zu nehmen, gehört hierher. Grundvoraussetzung hierfür ist, die Sinneserfahrungen als Erscheinungen entgegennehmen zu lernen. Rudolf Steiner formulierte das einmal so: «Zurecht kommt man mit der Wahrnehmungswelt nur, wenn man sie als Phänomen, als Erscheinungswelt auffasst. Was uns durch die Sinne entgegentritt, ist etwas, worinnen die Materie gar nicht ist. Also die Empfindung müssen wir in uns entwickeln [...], dass wir, wenn wir hinausschauen durch unsere Augen und den gesamten Sternenhimmel erblicken, die Wolkenkonfiguration erblicken, die Inhalte der drei Reiche, des Mineralischen, Pflanzlichen und Tierischen, aber auch des vierten Reiches, des Menschenreiches, erblicken, dass

wir in alledem, was wir so wahrnehmungsgemäß an uns herantreten finden, nicht suchen dürfen irgendetwas von Materie. Dahinter steckt keine Materie! Das sind durchaus solche Erscheinungen, solche Phänomene, wie zum Beispiel der Regenbogen selbst, wenn sie auch sonst derber auftreten als dieser Regenbogen. So wie niemand den Regenbogen als irgendeine äußere Realität – als eine wirkliche Brücke meinetwegen, die da gespannt ist in sieben Farben – anschauen soll, sondern als ein Phänomen, als eine Erscheinung, so soll jeder dasjenige, was ihm äußerlich entgegentritt durch die Sinne, als ein Phänomen, als eine Erscheinung auffassen, wenn es auch noch so derb auftritt. Auch beim Quarzkristall, wenn wir ihn auch greifen können – beim Regenbogen würden wir ja durchgreifen –, wenn auch der Gefühlssinn [gemeint ist der Tastsinn; Anm. d. Autors] dabei affiziert ist, so müssen wir doch auch beim Quarzkristall nur sprechen von einem Phänomen; wir dürfen nicht hineinphantasieren irgendeine materielle Realität, gleichgültig wie es sich auch die heute auf Abwegen wandelnde Naturanschauung vorstellt. Also was wir als ‹materielle› Erscheinungen vorfinden, sind gar keine materiellen Erscheinungen, ist gar keine Materie in Wirklichkeit. Das sind eben nur Erscheinungen; sie sind das, was kommt und geht aus einer andern Wirklichkeit heraus, die wir nicht fassen, wenn wir sie uns nicht geistig denken können. Das ist die eine Empfindung, die wir entwickeln müssen: nicht die Materie in der äußeren Welt zu suchen!»[203]

203 Rudolf Steiner: Gegensätze in der Menschheitsentwickelung (GA 197), Vortrag vom 25. Juli 1920.

- In einer solchen Auffassungsweise der irdisch-sinnlichen Wirklichkeit liegt auch eine Perspektive zum Begreifen dessen, was Rudolf Steiner im Zusammenhang mit dem Ereignis von Golgatha als das Wiederherstellen des menschheitlichen Phantomleibes beschrieben hat.[204]
- Um die Sinne in ihrer eigenen Erscheinungswertigkeit begreifen und erleben zu können, bedarf es einer mehrfachen Freischälung. Die Erfahrungsfelder der unteren Sinne sind uns oft durch seelische Regungen verdeckt. Die Erfahrungsfelder der oberen Sinne werden vielfach allzu voreilig übersinnlich interpretiert, anstatt sie in ihrer Sinnlichkeit zu bewahren. Erst dadurch wird z. B. das Wunder möglich, dass sich im Ich-Sinn ein anderes geistiges Wesen sinnlich offenbart, in seiner ganzen Tragweite erleb- und auslotbar. Die Erfahrungsfelder der klassischen mittleren Sinne werden heutzutage vor allem durch das immer umfänglichere physiologische Wissen überlagert.

Es gilt also, alle Sinne von Überlagerungen freizuschälen. Dies ist nur möglich durch eine strenge Selbstführung und Selbstbeobachtung in einer phänomenologischen Auslotung der Sinnesfelder. Die Methode der Wahl ist eine phänomenorientierte seelische Beobachtung – so, wie sie in dem Kapitel «Einführung» im vorliegenden Buch erläutert wurde.

Die vorgenannten Aspekte bedürften selbstverständlich einer weiteren Ausführung. Sie sollen hier aber dennoch

---

204 Siehe z. B. Rudolf Steiner: Von Jesus zu Christus (GA 131).

genannt sein, um die Tragweite des mit diesem Buch unternommenen Versuches aufzuzeigen – zumindest so, wie die beiden genannten Autoren es aufgefasst wissen woll(t)en.

Dietrich Rapp und ich waren und sind uns der Vorläufigkeit unserer Bemühungen voll bewusst.

In diesem Sinne wünsche ich dem Buch zahlreiche Leser, die den hier erprobten Ansatz selbstständig erforschen und weiterentwickeln mögen.

Dank

Mein Dank gilt der Korrektorin Karin Gaiser sowie dem Grafiker Johannes Onneken vom Atelier Doppelpunkt, mit denen ich eine ausgesprochen speditive und unkomplizierte Zusammenarbeit genießen durfte. Dank auch an zwei ungenannt bleiben wollende Stiftungen für deren Förderungen zur Drucklegung dieses Buches. Dank an alle, die das Zustandekommen dieses Buches ermöglicht haben. Und nicht zuletzt: Dank für die so einmalige und inspirierende Zusammenarbeit mit Dietrich Rapp.

Hans-Christian Zehnter

Bibliografie

Martin Errenst gibt auf seiner Website zu den zwölf Sinnen (www.12-sinne.de) einen umfassenden Überblick über die vorliegende Literatur sowohl Steiners als auch nachfolgender Autoren. Für eine weitgehende Vollständigkeit sei auf diese Website verwiesen.

Im Folgenden eine Auflistung der uns besonders relevant erscheinenden Publikationen.

Basfeld, Martin und Kracht, Thomas (2002) (Hrsg.): Subjekt und Wahrnehmung – Beiträge zu einer Anthropologie der Sinneserfahrung. Basel, 164 S.

Errenst, Martin (2005a): Gedanken- und Ich-Sinn. Die Drei Nr. 8–9/2005, S. 135

Errenst, Martin (2005b): Forschungsfeld Wahrnehmung. Die zwölf Sinne in der wissenschaftlichen Diskussion. Das Goetheanum Nr. 37/2005, S. 9

Errenst, Martin (2005c): Sinneswahrnehmung und Wirklichkeitserleben. Ein Experiment zeigt: Das Bewusstsein von unserem Körper beruht auf einem Urteil. Das Goetheanum Nr. 10/2005, S. 5

Hardorp, Detlef (2011): Wie nehmen wir Begriffe wahr? Das Goetheanum Nr. 1–2/2011, S. 6

Kiersch, Johannes und Lutzker, Peter (1996): Der Sprachsinn. Sprachwahrnehmung als Sinnesvorgang (Rez.). Das Goetheanum Nr. 18/1996, S. 331

Knobel, Hendrik (1971): Zu den Aufzeichnungen Rudolf Steiners über die Sinne des Menschen. In: Beiträge

zur Rudolf Steiner-Gesamtausgabe Band 34, Dornach 1971
Knobel, Hendrik (1973a): Der Kreis der zwölf Sinne. Das Goetheanum Nr. 20/1973, S. 261
Knobel, Hendrik (1973b): Zur Geschichte und Methodik der Sinneslehre. Das Goetheanum Nr. 21/1973 S. 165
Knobel, Hendrik (1973c): Moderne Sinneswissenschaft und die Sinneslehre Rudolf Steiners. Das Goetheanum Nr. 22/1973, S. 215
Knobel, Hendrik (1984): Ich-Gestalt und Sinneslehre. Basel 1984
König, Karl und von Arnim, Georg (1995): Sinnesentwicklung und Leiberfahrung. Stuttgart, 184 S.
König, Karl (1999): Der Kreis der zwölf Sinne und die sieben Lebensprozesse. Stuttgart, 169 S.
Kranich, Ernst-Michael (2003): Der innere Mensch und sein Leib. Eine Anthropologie, Stuttgart, 420 S.
Lauer, Hans Erhard (1972): Die zwölf Sinne des Menschen. Schaffhausen 1977, zweite, wesentl. erw. Aufl., 384 S.
Lavecchia, Salvatore: Un io dialogico. Per un'antroposofia dei sensi. In Vorbereitung.
Lavecchia, Salvatore: Anthroposophie als Revolution der Sinne, Das Goetheanum Nr. 25–26/2019
Lindenberg, Christoph (1980): Die Vollzahl der Sinne. Nachwort in Rudolf Steiner: Zur Sinneslehre. 2. Auflage Stuttgart 1981, 192 S.
Lutzker, Peter (2017): Der Sprachsinn: Sprachwahrnehmung als Sinnesvorgang. Stuttgart, 383 S.

Rapp, Dietrich (1986): Begriffssinn – Vorstellungssinn – Denksinn. Über die Hüllen seiner Entbindung. Die Drei Nr. 11/1986

Scheurle, Hans Jürgen (1976): Überwindung der Subjekt-Objekt-Spaltung in der Sinneslehre. Stuttgart, 189 S.

Scheurle, Hans Jürgen (1993): Die Gesamtsinnesorganisation. Stuttgart, 192 S.

Weinzierl, Johannes et al. (2017): Bedeutung und Gefährdung der Sinne im digitalen Zeitalter, Würzburg, 253 S.

Autorennotiz

Dietrich Rapp, 1941–2017. Nach dem Studium der Physik in Tübingen, Hamburg und Göttingen Forschungen über Fragen der Instabilität von Strömungen im Zusammenhang mit ätherischer Wirksamkeit. 1975 bis 2006 Verlagslektorat und Zeitschriftenredaktion. Anschließend freiberuflich im Schwerpunkt mit anthroposophisch-erkenntniswissenschaftlichen Themen beschäftigt. Daraus u. a. hervorgegangen: «Tatort Erkenntnisgrenze: Die Kritik Rudolf Steiners an Immanuel Kant», Heidelberg 2012. Eine Liste der Publikationen von Dietrich Rapp kann von www.sehenundschauen.ch heruntergeladen werden.

Hans-Christian Zehnter, geb. 1963. Nach dem Studium der Biologie in Bochum Studienjahr an der Naturwissenschaftlichen Sektion am Goetheanum in Dornach (CH) bei Jochen Bockemühl und Georg Maier. Anschließend wissenschaftlicher Mitarbeiter am Forschungsinstitut am Goetheanum in Dornach (CH) und Mitarbeit in der Redaktion der Wochenschrift «Das Goetheanum». Seit 2016 Herausgeber in der Rudolf Steiner Nachlassverwaltung. Freier Publizist und Dozent. Eine Liste der Publikationen von Hans-Christian Zehnter kann unter www.sehenundschauen.ch eingesehen werden.

Hans-Christian Zehnter

Lichtmess

Essay zum Wesen des Lichtes

Will man dem Wesen des Lichtes auf die Spur kommen, so muss es ‹gesehenes› Licht sein. Dieser subjektbezogene Ansatz zur Erforschung des Lichtes wird begründet und in seinen Konsequenzen sowohl für das eigene als auch das kulturelle Selbstverständnis verfolgt.
Eine neue Weltsicht, die paradigmatischen Charakter trägt: Licht nähert sich in Einklang mit dem modernen Bewusstsein wieder einer Gotteserfahrung.

Sentovision, 2017
196 Seiten
durchgehend 4-farbig
19 x 15 cm, Paperback
ISBN: 978-3-03752-101-4